O SUPREMO

DIEGO WERNECK ARGUELHES

O SUPREMO

ENTRE O DIREITO E A POLÍTICA

HISTÓRIA REAL

PREPARAÇÃO
Manoela Sawitzki

REVISÃO
Eduardo Carneiro
Júlia Santiago

DIAGRAMAÇÃO
Equatorium Design

DESIGN DE CAPA
Angelo Bottino

IMAGEM DE CAPA
Thiago Melo
https://flickr.com/photos/thiagomelo/4893151970/in/album-72157624533208696/

CIP-BRASIL. CATALOGAÇÃO NA PUBLICAÇÃO
SINDICADO NACIONAL DOS EDITORES DE LIVROS, RJ

A742s

Arguelhes, Diego Werneck, 1981-
O supremo : entre o direito e a política / Diego Werneck Arguelhes. - 1. ed. - Rio de Janeiro : História Real, 2023.

256 p. ; 21 cm.
ISBN 978-65-87518-27-5

1. Brasil. Supremo Tribunal Federal. 2. Poder judiciário - Brasil. 3. Tribunais superiores - Brasil. I. Título.

23-84366 CDU: 342.531.43(81)

Gabriela Faray Ferreira Lopes - Bibliotecária - CRB-7/6643
06/06/2023 13/06/2023

História Real, um selo da Editora Intrínseca Ltda.
Av. das Américas, 500, bloco 12, sala 303
22640-904 – Barra da Tijuca
Rio de Janeiro – RJ
Tel./Fax: (21) 3206-7400
www.historiareal.intrinseca.com.br

Sumário

Agradecimentos

Ao longo da minha carreira, fiz muitos trabalhos em coautoria, certamente muito melhores do que eu teria sido capaz de fazer sozinho. Contudo, para além da questão da autoria e da redação do texto, as melhores coisas que eu fiz sempre foram (e acredito que sempre serão) resultado de algum tipo de esforço colaborativo. Embora seja o único autor deste livro, tenho certeza de que não poderia tê-lo feito sozinho. Para minha sorte, tive companhia. Ele reflete sugestões, críticas, conhecimento e tempo generosamente compartilhados por muitas pessoas ao longo dos anos. Espero estar à altura das variadas comunidades que ajudaram a gerá-lo e a quem agradeço, de forma inescapavelmente recortada, nas pessoas que se seguem.

Roberto Feith, leitor rigoroso e editor paciente, foi fundamental para que este livro existisse. Nem sempre convencido da minha escolha de palavras, convenceu-me de que era importante que eu as dissesse e me ajudou a dizê-las de maneiras mais diretas, claras e acessíveis. Agradeço também à preparadora de texto Manoela Sawitzki, pelas valiosas sugestões e edições, e à Gabriela Gattulli, pelo auxílio na pesquisa.

Clara Iglesias Keller, Dalia Schneider, Daniel Strauss Vasques, Felipe Recondo, Joaquim Falcão, Juliana Cesario Alvim Gomes, Luiz Fernando Gomes Esteves, Mario Luis Grangeia, Sebastián Elias e Thomaz Pereira generosamente cederam seu tempo para ler e criticar o manuscrito. Nem sempre foram bem-sucedidos em me convencer dos meus erros, pelos quais não têm nenhuma responsabilidade. Mas, como sempre, suas críticas e discordâncias me ajudaram a melhorar minhas ideias. Meus colegas do podcast *Sem Precedentes* (Juliana, Felipe e Thomaz), em especial, há anos alimentam, aguentam e corrigem minhas obsessões com o passado, o presente e o futuro do Supremo.

Rogério Bastos Arantes e eu organizamos, desde 2017, uma rede nacional de pesquisa empírica sobre o Supremo Tribunal Federal — o projeto "*Mare Incognitum*". Aprendi muito com essa parceria e com os diálogos mais amplos a que ela me conduziu. Se hoje posso olhar com alguma clareza e com bons dados muitos dos temas deste livro, isso é também fruto dos resultados obtidos por vários pesquisadores e pesquisadoras que, ao longo dos anos, foram se juntando a essa rede.

Minha forma de ver o tribunal também se beneficiou muito dos dados e análises produzidos pelos(as) pesquisadores(as) do projeto Supremo em Números, da FGV Direito Rio, sob a direção de Joaquim Falcão, que construiu e manteve à frente da instituição uma instigante comunidade de reflexão, crítica e comunicação sobre o Supremo. Assim como no caso da rede *Mare Incognitum*, espero que as notas e as leituras sugeridas evidenciem quanto aprendi com todas essas pessoas — e com tantas outras que ainda não conheço pessoalmente, mas cujo trabalho nas últimas décadas me fez conhecer mais o Supremo.

Este livro começou a ser gestado em 2019, logo após eu mudar de cidade e de instituição. No Insper, encontrei um espaço de independência acadêmica que me permitiu pensar e dizer o que penso. E, em São Paulo, encontrei Dalia, a quem dedico este livro.

Introdução

No fim de 2002, ouvi pela primeira vez o nome de um ministro do Supremo Tribunal Federal (STF). Fui a um evento com o jurista Dalmo de Abreu Dallari, e alguém da plateia perguntou o que ele achava da indicação, feita pelo presidente Fernando Henrique Cardoso (FHC), do advogado-geral da União, Gilmar Ferreira Mendes. A resposta crítica de Dallari me surpreendeu em vários níveis. O Supremo, então, era feito de pessoas de carne e osso, indicadas por políticos que haviam atuado no cenário nacional, com trajetórias, visões e escolhas profissionais controversas e que poderiam ser avaliadas nesses termos? Tudo isso era novidade. Já estava no quarto ano da graduação em direito, na Universidade do Estado do Rio de Janeiro (Uerj) — mas, nas disciplinas, o Supremo era discutido ora como ideia institucional vaga (o conceito de um Tribunal Constitucional), ora como oráculo impessoal do

Direito (o guardião da Constituição de 1988 — com dispositivos, disse-me certa vez um professor, "autoexplicativos").

Em 2003, meu último ano de graduação, o presidente Lula, recém-eleito, escolheu Joaquim Barbosa para uma vaga no tribunal. Barbosa era professor de direito administrativo na Uerj e sua indicação repercutia nas conversas da minha geração. Também em 2003, foi decidido o primeiro caso do tribunal que conheci na íntegra, lendo os votos e vendo as (inúmeras) posições individuais de cada um dos ministros. O caso se tornou conhecido pelo nome do réu, Ellwanger, e envolvia temas importantes como a liberdade de expressão e o crime de racismo. Vi ali o Supremo como instância de decisão entre alternativas conflitantes, um espaço para enfrentamento de posições às vezes igualmente razoáveis — e não como tribunal afirmando um resultado óbvio, supostamente já dado de antemão pelo Direito.

Foi esse Supremo quem decidiu, na virada daquela década, algumas das mais importantes controvérsias constitucionais que dividiam a comunidade jurídica e a sociedade brasileira. No curto espaço de dois anos, decidiu que criminalizar a interrupção de gravidez de fetos com anencefalia (2010) violava a Constituição; que, ao proteger a união estável entre "o homem e a mulher", a Constituição não excluía a proteção a casais homoafetivos — que seria diretamente exigida pela ideia mais geral de igualdade (2011); que, ao adotarem reserva de vagas por critérios étnico-raciais no vestibular, universidades atendiam ao princípio constitucional da igualdade (2012).

Essas controvérsias constitucionais eram reflexo de visões também políticas. Mas aquele Supremo, para mim, ainda era mais ideia que realidade. Minha mudança de percepção veio apenas no julgamento da Ação Penal 470, que ficou conhecida como "Mensalão". Quando comecei a dar aulas de direito constitucional, em 2005, a TV Justiça já funcionava havia alguns anos. Contudo, seu verdadeiro impacto sobre a imagem que temos do Supremo só foi revelado entre 2012 e 2014, ao longo das quase setenta sessões no plenário dedicadas ao julgamento do "Mensalão". Nas sessões televisionadas, os onze ministros e ministras se comportavam de maneiras que eu associaria mais a deputados e senadores do que a juízes. Criavam manobras e contramanobras de procedimento para moldar o tempo das sessões; obstruíam uns aos outros; usavam frases de efeito e notas na imprensa para pautar os debates a favor das suas posições e minar as dos colegas. Essas constatações vinham às vezes dos próprios ministros, ao vivo. Em discussões às vezes destemperadas, acusavam uns aos outros de manobrar, de obstruir e de usar a imprensa para manipular o tribunal.

Assisti às sessões do "Mensalão", junto com outros colegas professores, na FGV Direito Rio. Por uma iniciativa do então diretor da instituição, Joaquim Falcão, discutíamos os desdobramentos e as reviravoltas do julgamento e produzíamos análises para alguns veículos de comunicação. Mas, ao mesmo tempo em que tentava decodificar para o público o que víamos, estava também descobrindo um Supremo distinto do que eu conhecia (ou, talvez, do que eu imaginava). Ficara difícil continuar pensando que alguns daqueles juízes não tinham lado. No mínimo, parecia que haviam de antemão se convencido de alguma tese ou resultado, e iam então ao plenário como quem entra em um jogo para vencer. Num momento crítico do julgamento, em resposta à insinuação (do ministro Luís Roberto Barroso) de que teria fixado penas altas para alguns réus com o objetivo de que começassem a ser cumpridas em regime fechado, o ministro Joaquim Barbosa afirmou diante das câmeras: "Foi para isso, sim." Os juízes e juízas não apenas divergiam sobre Direito, no mérito, mas revelavam motivações e estratégias que iam muito além das regras jurídicas.

Do "Mensalão" para cá, acompanhei diariamente o tribunal pela TV Justiça, pelas páginas dos jornais, pelos votos, decisões e textos de seus ministros e ministras. Acompanhei também o que se pensava e se falava sobre o Supremo, dentro e fora da comunidade jurídica, de artigos de opinião a memes. Nesse período, a pauta do tribunal se ampliou e se reconfigurou. Temas de direitos fundamentais foram cedendo espaço, inclusive na atenção do público, para questões que envolviam o direito penal e a responsabilização de políticos. Em meio à crise política que levou ao impeachment de Dilma Rousseff, o tribunal continuou se transformando diante da opinião pública, exercendo cada vez mais poder, de forma cada vez mais individual e conjuntural, e despertando cada vez mais suspeitas quanto à motivação de seus integrantes. Desde que saí da faculdade de Direito, parece que passamos da ingenuidade coletiva (o Supremo é um espaço totalmente fora da política, em que apenas se aplica a Constituição) ao cinismo generalizado (o Supremo é uma arena política como qualquer outra, em que apenas se disputa e se exerce poder). Diversas pesquisas de opinião nos últimos anos apontam que a confiança no Supremo parece estar em patamar até razoável, mesmo em momentos de crise, comparado aos outros poderes. Suspeito, porém, que muitas pessoas simultaneamente confiam na instituição e acreditam que o que ocorre ali é política, não Direito. Confiam no tribunal quando suas decisões estão "certas" — ou seja, quando convergem com suas próprias preferências sobre os temas em disputa —, mas retiram esse apoio quando o Supremo as desagrada.

Em minha produção acadêmica, venho adotando uma perspectiva realista sobre o funcionamento do Supremo —, sobre o comportamento de seus ministros, suas estratégias e eventuais tentativas de ampliar seu poder, suas relações com o poder político (e com a política, às vezes bem concreta, dos atores de Brasília). Por um lado, fiz parte de um esforço geracional de construção de uma visão não romantizada do tribunal, na academia e no ensino de Direito, e participei do debate público sobre o Supremo nesses mesmos termos. Por outro, sempre fui e permaneço sendo um professor de direito constitucional. Acredito que o poder político deve ser controlado e canalizado, para proteção a direitos fundamentais e às regras do jogo democrático, com fins positivos para o país, por meio de regras constitucionais — e acredito que, para isso, um Supremo poderoso e independente é fundamental, cumprindo um papel que chamamos de "contramajoritário". Em contrapartida, acredito também que, em uma democracia, determinadas divergências sobre os direitos que as pessoas devem ter e quais fins são positivos para a sociedade são inevitáveis, não possuem resposta constitucional que deva ser imposta por juízes. Em última instância, certas divergências precisam ser resolvidas pacificamente por meio do voto e de procedimentos legislativos, e não por deliberação judicial. Não há uma fórmula para saber de antemão quando estaremos diante de problemas assim, mas é preciso estarmos atentos para tentar identificá-los ao longo do tempo.

Pensar o papel do Supremo diante desses compromissos normativos nos força a confrontar ideias sobre o desenho e a autoridade legítimas de uma instituição que tem entre suas funções controlar indivíduos eleitos pelo voto popular, sem simplesmente ocupar o espaço e tomar para si as responsabilidades desses eleitos. Uma instituição que precisa proteger a Constituição que os constituintes criaram, com seus problemas e contradições, e não a Constituição que gostaria que os constituintes tivessem criado. Sem essas ideias sobre o Supremo, não sabemos sequer como começar a avaliar, criticar e aperfeiçoar o tribunal, nem como justificar seu poder em uma democracia. Sem elas, pode parecer também que é possível renunciar a um Supremo minimamente forte e independente — o que seria um grave equívoco.

Neste livro, reconheço tanto a importância dos ideais quanto do realismo na compreensão do Supremo. Os argumentos aqui expostos pretendem ser acessíveis para qualquer pessoa que, tendo ou não formação em Direito, queira pensar construtivamente sobre o papel do tribunal na nossa política e na vida do país. Se há duas décadas ignorávamos o

Supremo como ele de fato era, no clima de hoje corremos o risco de perder de vista o que ele pode ser — e deve ser, para o bem do país. Espero que os próximos capítulos possam contribuir para um diálogo que faça aproximar o funcionamento da instituição das nossas ideias, expectativas e ideais sobre sua atuação na democracia brasileira.

Esta não é uma obra didática nem acadêmica. As referências a livros e artigos especializados no corpo do texto foram mantidas no mínimo possível. Mas, como acadêmico, preciso registrar que este livro não seria possível sem as muitas contribuições de gerações de pesquisadores, de variadas áreas, para decifrar o funcionamento do Supremo. Às vezes, justamente por fazerem muito sentido, certas ideias parecem ter sempre estado diante de nós. Contudo, elas nem sempre existiram. Foram pensadas e articuladas por alguém, às vezes ao longo de anos de reflexão e trabalho. Há muitas coisas neste livro que aprendi com outras pessoas, ou que foram primeiro percebidas ou demonstradas por vários colegas. É graças a esses outros pesquisadores e pesquisadoras que, hoje, posso tentar escrever de forma simples sobre temas complexos. Procuro dar conta de parte dessa grande dívida para com o trabalho de colegas nas Leituras Sugeridas do livro, que espero também sejam úteis para quem desejar se aprofundar nos problemas aqui discutidos.

Com relação ao gênero de ministros e ministras, optei por um corte temporal. Até hoje, o STF tem sido infelizmente um tribunal de homens, com apenas três ministras em sua história até o momento da conclusão deste livro. Para não camuflar esse grave fato, utilizo "ministros" ou "ministro", no masculino, quando estiver me referindo genericamente a um ou mais integrantes indeterminados do tribunal que temos hoje (ou que tivemos no passado). Mas, quando falo de pessoas indeterminadas que poderiam um dia vir a compor a instituição, optei por "ministros e ministras" ou "ministros(as)".

1. “Eles podem fazer isso?”

Em 8 de janeiro de 2023, centenas de pessoas invadiram ilegalmente os prédios dos três poderes da República — o Palácio do Planalto, o Congresso Nacional e o Supremo Tribunal Federal. Agrediram as poucas forças policiais que tentaram impedi-los. Depredaram os gabinetes por onde passaram. Gritavam palavras de ordem contra o resultado das eleições de 2022 e a posse do presidente eleito, Luiz Inácio Lula da Silva, que havia ocorrido na semana anterior. Muitos pediam intervenção militar. Tentavam obter, pela violência, o resultado que não conseguiram pelo voto — a permanência de Jair Bolsonaro na Presidência.

Foi uma versão (publicamente ensaiada no último ano do governo Bolsonaro) da invasão do Capitólio, nos Estados

Unidos, em 6 de janeiro de 2021. Lá, eleitores do derrotado Donald Trump invadiram a sede do Congresso acreditando que isso alteraria de alguma forma o resultado das urnas. Aqui, porém, o ataque se deu aos Três Poderes. Nas imagens que viralizaram nos dias seguintes, um dos invasores exibia como troféu a porta arrancada do gabinete do ministro Alexandre de Moraes. O Supremo tem onze ministros. Na época do ataque, eram nove homens e duas mulheres, presididos pela ministra Rosa Weber. Mas o destaque dado à porta do gabinete de Moraes não foi acidental. Os invasores golpistas sabiam bem quem era o ministro, que havia sido personagem decisivo no governo Bolsonaro.

A tentativa de golpe pode ter surpreendido alguns, mas a centralidade política do Supremo e de seus ministros individuais há muito é parte do cotidiano do país. Os últimos dois anos do governo Bolsonaro se tornaram crescente e constante plebiscito sobre o tribunal, que figurava ora como vilão, ora como herói, mas sempre na condição de protagonista. Não chegou a ser surpresa, portanto, que o Supremo e seus ministros tenham sido centrais também nas respostas institucionais aos ataques. No dia seguinte, Alexandre de Moraes tomou de assalto a pauta nacional ao suspender do cargo por noventa dias o governador do Distrito Federal, Ibaneis Rocha, apontando indícios de conivência do governador diante da clara ameaça representada pelos golpistas. Moraes fez isso em decisão *monocrática* — isto é, tomada individualmente, por um ministro sozinho, e não por meio de uma votação coletiva — e *de ofício*, sem que tivesse sido especificamente solicitado a fazer isso por um pedido de alguma outra pessoa ou instituição legitimada para tanto (como a Polícia Federal ou o Ministério Público). Como em tantos outros episódios que envolveram ministros do Supremo na última década, surgiu a dúvida: *Ele pode fazer isso?*

Acompanhar a política brasileira, hoje, é falar do Supremo e de seus ministros, que atuam nesse cenário de maneira surpreendente até para os mais atentos e criativos especialistas em Direito. Pense por alguns instantes em uma lista das autoridades públicas mais importantes do país, por qualquer critério, à sua escolha, enquanto começa a ler este livro. Um "Quem é Quem" da política brasileira. Sua lista certamente incluirá o presidente da República. Provavelmente alguns deputados e senadores mais influentes, como os presidentes das casas do Congresso. No entanto, a não ser que você tenha passado a última década sem ligar a TV, sem acessar internet, sem ler notícias ou discutir com os amigos, também lhe virão à mente alguns ministros do Supremo Tribunal Federal.

Você sabe de quem estamos falando. Você reconheceria com facilidade vários deles se os visse na rua, e imediatamente entende o sentido de memes e piadas envolvendo alguns deles. Talvez até seja capaz de reconhecer suas vozes. Provavelmente acabaram de aparecer no noticiário ou no *feed* das redes sociais que você costuma usar. Tomaram alguma decisão de grande impacto, suspendendo uma lei ou uma medida do governo; determinaram medidas coercitivas contra lideranças políticas relevantes, e/ou se encontraram com essas ou outras lideranças para discutir reformas legislativas; falaram à imprensa sobre outros temas da conjuntura e, às vezes, trocaram farpas e críticas; ou, em suas redes sociais, usaram suas contas pessoais para dar declarações bombásticas ou falar de amenidades da cultura ou do esporte. Isso é normal em uma democracia?

O presidente e as lideranças no Congresso estão em sua lista por boas razões. Para começar, pela maneira como chegaram ao poder. De quatro em quatro anos, você participa do processo através do qual esses cargos são preenchidos e legitimados: o voto direto, secreto e universal, em procedimentos eleitorais competitivos, acompanhados de amplos debates e disputa pública pela vitória nas eleições. No caso do presidente, você certamente se lembra também *contra* quem ele — ou ela — concorreu para conquistar o cargo. Os vitoriosos nas eleições podem ser removidos do mesmo modo que entraram — por meio do mesmo tipo de disputa eleitoral, no calendário que você já conhece, pelo voto de dezenas de milhões de brasileiros. Nos anos 1980, centenas de milhares de brasileiros foram às ruas exigindo votar para presidente. Essa demanda sintetizava o desejo mais amplo por um regime no qual as principais autoridades estatais devem, em última instância, ser escolhidas pelo sufrágio universal. É devido a essa história e a essa conquista que hoje sabemos como e quando participaremos novamente da decisão sobre quem fica, quem entra, e quem sai do poder em Brasília.

E quanto aos ministros e ministras do STF? Embora o comportamento público de alguns seja muitas vezes escancaradamente político, eles ocupam cargos judiciais. Não foram escolhidos pelo voto, como também não o foram os outros juízes no Brasil, ainda que tenham sido escolhidos por quem teve voto — ao contrário da esmagadora maioria dos juízes brasileiros, que ingressam no cargo por concurso público. Mais ainda, não sairão do cargo pelo voto. A posição que ocupam não é diretamente afetada pelo calendário das eleições nacionais e locais. Sempre que um novo presidente assume o cargo, a imprensa especula quem serão os próximos indicados para preencher vagas abertas pela saída de um dos ministros do Supremo. Nada disso, porém, afeta quem já está lá.

Convivemos hoje com ministros e ministras indicados por gerações anteriores de políticos e presidentes — às vezes há décadas, como é o caso de Gilmar Mendes, escolhido por Fernando Henrique Cardoso em 2002, que se tornou decano do tribunal enquanto este livro era escrito e ali permanecerá por mais dez anos. Os presidentes, deputados e senadores que estavam na sua lista imaginária de personagens mais influentes da política são produto da conjuntura contemporânea, da eleição passada ou, no máximo, de duas eleições atrás (no caso de senadores). Os juízes do Supremo, não necessariamente. São legados do Brasil de ontem para o Brasil de hoje. Mesmo os ministros recentemente indicados continuarão atuando na política nacional muitos anos após seu ingresso no tribunal, em contextos políticos, econômicos e sociais às vezes radicalmente diferentes.

Isso ocorre porque, uma vez confirmados no cargo, os ministros possuem garantias de *independência*. Essa independência corta em muitas direções. A mais óbvia é a independência quanto ao voto popular para ingresso e permanência no cargo, mas também são independentes das partes envolvidas nos processos que precisam decidir e dos políticos que os indicaram. Não faltam exemplos no debate público brasileiro de ministros do STF sendo criticados (em alguns casos por boas razões) por subserviência ou alinhamento com interesses políticos. Mesmo assim, as regras que desenham o cargo e o poder que exercem procuram criar condições para que não precisem se preocupar com quem entra ou sai do Congresso ou da Presidência para continuarem na função. Isso é feito justamente para que possam decidir casos aplicando a Constituição sem se preocupar se agradam, ou não, quem está no poder — e tampouco se contam com a aprovação, ou não, de eleitores e eleitoras. O Supremo é, por isso, muito diferente do Congresso e da Presidência. Ele ocupa um espaço onde o seu voto não tem a mesma força.

Muito exposto, ainda pouco compreendido

Ao contrário dos políticos com os quais convivemos diariamente, os ministros do Supremo habitam uma instituição ainda pouco conhecida pelo público. Somos bombardeados com imagens, notícias e polêmicas envolvendo esses juízes e juízas, mas ainda sabemos pouco sobre como agem, o que os motiva e como funciona o seu poder. Em 1968, o ex-deputado e então ministro do STF Aliomar Baleeiro escreveu um livro que se tornou um clássico da literatura sobre o tribunal: *O Supremo, esse outro desconhecido*.[1] Advogado de formação e professor de direito tributário, Baleeiro chegou ao tribunal oriundo da política, quando era deputado federal pela UDN. Havia inicialmente apoiado o golpe de 1º de abril de 1964 e foi indicado para o STF em 1965, quando a ditadura aumentou o tamanho do tribunal de onze para dezesseis ministros, numa tentativa de controlar as decisões do STF por meio do "empacotamento" do tribunal. No jargão de quem estuda instituições judiciais, "empacotar" um tribunal é alterar sua composição, geralmente expandindo o número de ministros para fazer múltiplas indicações simultâneas, de modo a dar ao governo da vez uma maioria simpática às suas visões e necessidades políticas. "Empacotar" um tribunal é geralmente um meio de controlá-lo.

Apesar da simpatia inicial do deputado Baleeiro com a derrubada do presidente João Goulart em 1964, o ministro Baleeiro se preocupava em 1968 com a precariedade da posição do STF no contexto de um regime autoritário. Seu livro pode ser visto como parte de uma campanha em defesa do Supremo: passar a limpo a história do tribunal, explicar suas tarefas e discutir em público os desafios do seu funcionamento diário, incluindo algumas autocríticas, seria um passo para o fortalecimento da instituição aos olhos da sociedade brasileira. O título falava de um Supremo "desconhecido" em dois sentidos — pouco exposto e pouco compreendido.

O STF em 1968 ainda exercia um poder relevante — pequeno, em comparação com os dias de hoje, mas com algum potencial de incomodar a ditadura aqui e ali.[2] Mesmo assim, era basicamente invisível fora de Brasília e da comunidade jurídica. Não deve ter escapado ao político Baleeiro que, no contexto de uma ditadura, uma instituição judicial desconhecida da população seria alvo mais fácil para as pressões e ameaças do governo da vez. Décadas depois, os cientistas sociais James L. Gibson e Gregory A. Caldeira diriam sobre a Suprema Corte dos Estados Unidos: "*To know the court is to love it.*"[3] Quanto mais conhecimento sobre o tribunal, maior a confiança da população na instituição.

Diante do atual STF, é até difícil imaginar um mundo em que o tribunal era "desconhecido". Contudo, se o livro de Baleeiro fosse publicado agora, o título ainda faria algum sentido. Por um lado, hoje, o Supremo é uma das mais expostas instituições da política nacional. Seus onze ministros recebem mais atenção, na média, do que os ministros de Estado da Presidência da República. Por outro, nosso conhecimento sobre como o Supremo funciona e o papel de seus ministros ainda é insuficiente. O tribunal não é mais invisível. Talvez até esteja visível demais. Continua, porém, opaco. Muitas pessoas acham que conhecem o Supremo e seus ministros, mas não compreendem o Supremo e seus ministros. Não têm uma ideia clara de como o tribunal *deveria* funcionar, de como ele *de fato* funciona e da distância exata entre as duas coisas.

Mais ainda, a diferença do poder exercido pelo Supremo de hoje e pelo Supremo do século XX torna obsoleto muito do que foi escrito sobre o tribunal no passado. Mesmo se olharmos os debates da Assembleia Nacional Constituinte (ANC), em 1987/1988, ficamos com a impressão de que aquelas pessoas habitavam um mundo diferente. No dia 5 de outubro de 1988, o deputado Ulysses Guimarães, presidente da ANC, fez um célebre discurso para marcar a promulgação da nova Constituição. Ressaltou a "audácia inovadora" da Constituinte e a intensa participação popular na elaboração do texto; falou de legisladores, eleitores e cidadãos;

trabalhadores e aposentados; estudantes e analfabetos; civis e militares; moradores de rua e servidores públicos; hospitais, ruas, fábricas, praças e comícios. Nenhuma referência a juízes ou tribunais. Quem acompanhou e participou da elaboração da Constituição, naquele momento, não poderia imaginar o grau de poder que o Supremo viria a exercer no país dali a pouco mais de duas décadas.

O contraste entre os juízes do Supremo e outras autoridades políticas na democracia brasileira não se dá apenas por uma questão de procedimentos distintos para entrada e permanência no cargo. Na média, sabemos muito menos sobre os juízes. De onde vieram, qual foi sua trajetória, quem os apoiou para chegar ao cargo e por que motivos acabaram sendo essas pessoas (e não outros concorrentes) a conseguir a vaga? Não temos sequer uma ideia clara da extensão de seus poderes, já que o tribunal ocasionalmente expande suas competências, criando formas de atuação. Os ministros do STF são juízes, mas dizer que o seu poder envolve "julgar" não parece abranger as múltiplas maneiras pelas quais são decisivos para a política nacional.

"Sim, podemos fazer isso"

Pense em quantas vezes você esteve na situação de ler na imprensa ou em redes sociais sobre uma decisão do STF e se perguntar: "*Eles podem fazer isso?*" Fazemos essa pergunta cada vez mais. O tribunal e seus integrantes vêm, com frequência crescente, tomando decisões e adotando medidas sem precedentes na história nacional. "Sem precedentes" não quer dizer que sejam necessariamente erradas. Mas é natural que atos nunca praticados gerem controvérsias, dúvidas e críticas quanto ao mérito. Quando se trata de decisões judiciais, novidades são particularmente sensíveis. Ninguém diria que a maior virtude de um juiz é a criatividade. O funcionamento do sistema de justiça depende de que juízes, advogados e outros profissionais convençam uns aos outros e a própria sociedade que o que estão propondo não vem da sua cabeça, mas deriva do Direito vigente. Quando um juiz ou tribunal afirma ter um poder cuja existência era até então desconhecida, é natural que isso atraia atenção. No caso do STF, há um problema adicional: no Brasil, são os próprios ministros do tribunal que respondem à pergunta "*Eles podem fazer isso?*". Às vezes, aliás, são eles mesmos que a levantam, sem ninguém ter perguntado: "*Podemos fazer isso?*" E, em qualquer desses cenários, a resposta do tribunal quase sempre tem sido: "*Sim, podemos fazer isso.*"

O caso do chamado "Inquérito das *fake news*" ilustra essa dinâmica. O Supremo é presidido pelo mais antigo de seus onze ministros que ainda não tenha ocupado esse cargo, por um mandato de dois anos. Em 2019, o então presidente, Dias Toffoli, anunciou uma nova e forçada interpretação do regimento interno do tribunal para dizer que, em caso de crimes cometidos por meios virtuais contra a honra e a segurança dos próprios ministros do STF, poderia ser adotado um procedimento substantivamente diferente da praxe prevalente até então. Primeiro, o ministro presidente poderia iniciar um inquérito criminal por conta própria — sem pedido do Ministério Público ou da polícia. Segundo, esse inquérito começaria a correr diretamente no próprio STF, e não na primeira instância, como é a regra quando qualquer autoridade pública — até mesmo o presidente da República — é vítima de um crime. Terceiro, seria presidido por um outro ministro escolhido pelo presidente, em vez de um relator aleatoriamente sorteado, como acontece, em geral, com processos novos no STF. No caso, Toffoli indicou o colega Alexandre de Moraes para presidir o inquérito.

O artigo do regimento interno que embasa a leitura adotada por Toffoli prevê o procedimento acima apenas quando o crime for praticado "na sede ou dependência do Tribunal". Toffoli inovou ao considerar que crimes praticados contra os ministros por meios digitais estariam abrangidos por esse procedimento. O que quer que se pense sobre a solidez dessa interpretação, ela jamais havia sido cogitada até ser anunciada por Toffoli, nos meses iniciais do governo Bolsonaro. *Eles podiam ter feito isso?*

Durante meses, o tema gerou controvérsia na comunidade jurídica e na opinião pública. Os outros ministros só enfrentaram essa pergunta em junho de 2020. Responderam que sim, por dez votos a um. No âmbito desse inquérito, que permanecia aberto em maio de 2023, quando este livro era concluído, o ministro Alexandre de Moraes também tomou uma série de decisões controversas. Nesse e em outros inquéritos relacionados, Moraes tirou do ar o site de um veículo jornalístico, suspendeu perfis de pessoas em redes sociais, determinou que o Executivo não poderia alterar a composição de certas equipes da Polícia Federal, suspendeu políticos de seus cargos, autorizou operações policiais sem ouvir previamente o Ministério Público e determinou a abertura de novos inquéritos mesmo quando o Ministério Público pedia o arquivamento.

O debate público sobre diversas dessas medidas continua em aberto, mesmo com a decisão do plenário em 2020 chancelando a interpretação original de Toffoli na abertura do inquérito. Até o momento em que concluo este livro, o colegiado do STF não se pronunciou sobre diversas medidas concretas adotadas por Moraes nessa e em outras investigações conexas. No pequeno conjunto de vezes em que houve apreciação coletiva das medidas individuais de Moraes, a resposta do Supremo foi: "Sim, ele podia ter feito isso."

O STF julga atos dos outros poderes, mas também está na poderosíssima e delicada posição de decidir sobre atos dos próprios integrantes. Quando alguém considera que o presidente ou o Congresso extrapolaram seus limites e fizeram algo que não podiam, pode entrar na Justiça e, em algum momento, talvez chegar ao Supremo. No entanto, quando você considera que o tribunal ou um de seus ministros extrapolou, não há como pedir a uma terceira instituição que delibere sobre a questão. Caberá ao próprio Supremo decidir se o Supremo passou dos limites — aliás, se o Supremo tem limites. Para agravar essa situação, por razões que veremos em detalhe no Capítulo 4, o Supremo tem inclusive a opção de ficar em silêncio por meses ou anos antes de decidir se um de seus integrantes extrapolou os limites de seu poder.

Considerando esses elementos, voltemos à sua lista das autoridades mais importantes da República. Não parece estranho colocar junto às autoridades públicas centrais da democracia brasileira juízes que não chegaram ao poder pelo voto, não podem ser removidos pelo voto, que foram colocados lá em conjunturas políticas passadas, cujos poderes não são totalmente claros, em uma instituição sobre a qual ainda sabemos pouco (apesar de estarem sempre nas páginas dos jornais), e que em última instância decide sobre os seus próprios limites? Este livro procura enfrentar tal preocupação.

Um poder sem voto?

Convivemos com esses fatos há muitos anos no Brasil. Deveríamos nos preocupar com eles? Há, sim, elementos problemáticos no cenário acima, como também há coisas que só são estranhas quando perdemos de vista para que servem instituições como o Supremo. É preciso entender *o que* é estranho e o que é apenas consequência natural de haver uma instituição judicial com o desenho do Supremo em uma democracia.

O ponto de partida parece simples. Os ministros do STF são juízes. O STF é um tribunal. Dizer que os ministros são juízes significa que aplicam regras prévias, criadas antes do momento em que estão sendo aplicadas, para resolver conflitos entre pessoas que não os próprios juízes. Essas regras foram criadas por decisões políticas e judiciais passadas — a Constituição, as leis, tratados internacionais e as próprias decisões de gerações anteriores do

STF. Ser um juiz, em um tribunal, quer dizer (I) aplicar critérios que você não criou, para (II) resolver um conflito do qual você não é parte. A simplicidade aparente dessa ideia é enganosa. Em muitos casos, é difícil separar o que é interpretar uma regra já existente, de inventar uma solução inteiramente nova a partir da regra original; além disso, tribunais invariavelmente vão decidir a respeito de temas aos quais seus integrantes não têm como ser indiferentes, especialmente quando estamos falando de juízes que decidem em última instância questões que dividem o país. Essas duas ideias, porém, são pontos de partida essenciais para pensarmos sobre o funcionamento do STF e como ele poderia ser aperfeiçoado.

A exigência de que juízes apliquem regras que já tenham sido criadas por *outros* é uma conquista fundamental para quem se preocupa com *Estado de Direito* e *democracia*. Em versão abreviada, "Estado de Direito" é a ideia de que ser governado por pessoas sujeitas a regras é melhor do que ser submetido ao arbítrio ou capricho individual dos indivíduos no poder. O governo por meio de regras é previsível porque o poder dos governantes é limitado: nele, as autoridades públicas fazem o que podem, não o que querem. Uma das formas de se evitar que a força do Estado seja usada para fins arbitrários e pessoais é separar as tarefas de criação e aplicação da lei. Legisladores podem criar regras, mas em um Estado de Direito devem renunciar ao poder de decidir se, em circunstâncias concretas, essas regras foram violadas. A existência de tribunais independentes garante essa separação.

A separação, entretanto, corta dos dois lados: é também necessário que o juiz não possa decidir como se fosse legislador, simplesmente imaginando que soluções criaria se tivesse o poder para resolver como bem quisesse, a despeito das leis existentes, as questões que tem diante de si. Sem essa dupla barreira — o legislador não pode ser juiz e o juiz não pode ser legislador —, a própria ideia de Estado de Direito deixa de fazer sentido. Viveríamos em um mundo no qual o que conta é a pura vontade de quem está no poder — seja um legislador-juiz, seja um juiz-legislador.

Estado de Direito diz respeito, então, a *como* o poder deve ser exercido. Contudo, para quem acredita em democracia, também importa *quem* exerce esse poder e *quem* criou essas regras. Democracia exige que o poder político, em especial a criação de regras para a comunidade, seja exercido por pessoas selecionadas pelo voto universal e periódico, em processos eleitorais livres e competitivos. Democracia e Estado de Direito se combinam, assim, para reforçar a ideia de que juízes devem se vincular às regras que outras autoridades (legitimadas pelo voto) criaram.

A soma das exigências de (I) aplicar critérios que você não criou, para (II) resolver um conflito do qual você não é parte, implica que, do ponto de vista institucional, juízes são atores limitados. O juiz se define tanto pelo que pode quanto pelo muito que *não pode* fazer. Seu poder se justifica por suas limitações: pode decidir e exigir obediência à sua decisão porque não está criando regras, mas fazendo valer as que já existem. Todos conhecemos a imagem da Justiça com os olhos vendados — uma Justiça que não diferencia quem tem diante de si nem favorece certos indivíduos em função de suas características pessoais. No entanto, a venda também pode expressar um limite *para dentro*, que impede que o juiz simplesmente expresse crenças próprias e valores pessoais. Ao resolver um caso, um juiz precisa partir do princípio de que a pergunta "Como lidar com esse tipo de situação?" já foi respondida, ainda que em linhas gerais, pelas deliberações de outras autoridades públicas. Do Código Penal, às regras sobre sociedades empresariais anônimas, dos procedimentos relativos à adoção, união estável e casamento, às normas de trânsito. A tarefa do juiz não é responder à pergunta original com a mesma liberdade e criatividade com que o legislador a respondeu, mas, sim, responder a uma questão específica: "Como aplicar as regras já existentes a esse tipo de situação?"

A imagem da Justiça poderia ser representada não apenas vendada, mas também de mãos atadas. Juízes e tribunais não podem simplesmente fazer o que acham melhor, sem restrições. No Estado moderno, o compromisso judicial fundamental não é com uma virtude geral de sabedoria, nem com a justiça no sentido mais amplo (o que quer se entenda por "sabedoria" e "justiça"). Ambas as coisas podem ser virtudes desejáveis, mas a preocupação primeira do juiz é com o Direito vigente.

Nossas ideias sobre o que constitui a justiça estão por trás das leis que criamos. Essas ideias, porém, quase sempre geram divergência, mesmo entre pessoas que professam valores similares. Pense quantas vezes você discutiu com amigos e familiares, todos de boa-fé, se o comportamento de uma pessoa foi justo ou não, se o tratamento que alguém recebeu foi ou não o que merecia. Todos nós — incluindo juízes — temos visões diferentes, não apenas sobre o que essas ideias significam, mas também sobre como aplicá-las em relações e contextos específicos. A legislação e a Constituição são tentativas de lidar com essas divergências, escolhendo uma solução (que nunca agradará a todos e todas) dentre outras possíveis. Elegemos legisladores para tomarem essas decisões de maneira vinculante, em nosso nome, e revisitá-las e mudá-las a cada nova legislatura, se acharem que é o caso. As regras jurídicas são resultado desse processo: escolhas, feitas por quem venceu eleições, sobre qual é a melhor forma de regular, no contexto das leis vigentes, temas sobre os quais as pessoas têm visões divergentes.

A Constituição de 1988 expressa um tipo especial de decisão: regula como todas as outras decisões políticas serão tomadas dali em diante. Seu texto contém algumas das escolhas mais fundamentais sobre a vida do país — escolhas sobre quem vota, para que cargos se vota e que direitos as pessoas têm ao participar da disputa por esses cargos, além de decisões sobre o que quem está no poder não poderá fazer em hipótese alguma (incluindo a proteção a direitos fundamentais). A Constituição também regula como serão criadas leis, determinando quem e como pode exercer o poder de formular novas regras no Brasil. Sem escolhas básicas desse tipo, seria provavelmente impossível governar o país em um regime democrático. No mínimo, um regime assim — sem regras claras para o jogo eleitoral e para o exercício do poder estatal, e sem proteger das flutuações da política um importante conjunto de direitos — seria ilegítimo, nos termos de qualquer visão contemporânea sobre democracia.

Essas decisões constitucionais, contudo, geram suas próprias divergências. Sempre haverá novas disputas sobre o que as leis ou a Constituição permitem. Por exemplo, a Constituição dispõe que "a prática do racismo" será um crime imprescritível. Mas o que exatamente está abrangido pela categoria "racismo"? Em 2003, o Supremo precisou decidir se o crime de racismo poderia ser aplicado à discriminação contra judeus; a resposta foi afirmativa: segundo o tribunal, comete racismo quem trata quaisquer minorias étnicas como inferiores, ainda que não existam "raças" humanas no sentido biológico do termo. Em 2019, o tribunal voltou à questão para decidir se tratar minorias vulneráveis caracterizadas por orientação ou identidade sexual (por exemplo, homossexuais e pessoas trans ou não binárias) também consistiria em "racismo", nos termos da Constituição. A resposta também foi afirmativa: elaborando sua leitura de duas décadas antes, o tribunal afirmou que o fator decisivo para interpretar e aplicar o dispositivo sobre "racismo" é a condição de vulnerabilidade social, não a natureza do marcador (étnico, religioso ou de orientação sexual, por exemplo) que caracteriza a vítima da discriminação.

Esse tipo de questão é inevitável na vida do Direito. Não quer dizer que as leis originais tenham sido malfeitas. Se você já negociou algum contrato na vida, possivelmente já passou por esta situação: as partes concordam sobre os termos do documento, mas voltam a divergir sobre como eles se aplicam em situações futuras, incluindo cenários imprevistos quando o texto foi elaborado. A mesma dinâmica ocorre com a Constituição e nossas leis. Advogados passarão suas vidas profissionais enfrentando conflitos assim, muitas vezes com os dois lados defendendo posições razoáveis, mas incompatíveis, que precisarão ser resolvidas por juízes. Por isso, os órgãos do sistema de justiça podem decidir de forma "correta", aplicando a lei vigente, ainda que as decisões sejam consideradas "injustas" por algumas pessoas.

As considerações acima são simplificações. Para pessoas com formação jurídica, elas ignoram, por um lado, várias questões complexas. Por outro, para quem não é da área do Direito, esses pontos podem parecer abstratos e até triviais. Afinal, o que isso tem a ver com a questão real do poder do Supremo no país? Apesar das simplificações, há aqui um ponto importante: o poder e as garantias dos juízes não se justificam por sua suposta sabedoria. Não damos a autoridade judicial a determinadas pessoas por concordarmos com suas visões sobre o que é melhor para a comunidade — para isso existe o voto. Se você quer que juízes tenham o mesmo modo de atuar que esperaria de um deputado, senador ou presidente, você não entendeu o que é ser um juiz (nem o que é ser um político eleito).

O poder dos juízes depende da ideia de respeito às regras criadas pelos representantes eleitos. Escolhemos nossos juízes pela capacidade que possuem de interpretar e implementar essas regras. Damos a essas pessoas independência e autoridade para resolver conflitos — impondo suas decisões inclusive às mais poderosas autoridades públicas, como o presidente da República —, mas esse poder não é um cheque em branco. Não é na sabedoria individual de cada juiz que nós confiamos. Eles não recebem poderes e garantias de independência por serem mais sábios ou virtuosos do que a média das pessoas, ou mais capazes de identificar as necessidades da comunidade. Se juízes podem criar livremente suas próprias regras, temos uma incompatibilidade com as ideias de Estado de Direito e de democracia.

Os juízes do Supremo sabem perfeitamente disso. Por mais que usem argumentos econômicos, morais, políticos e às vezes até religiosos em suas manifestações e decisões, nunca deixam de incluir considerações sobre a interpretação e aplicação das regras vigentes. Sabem que justificar suas decisões com base no Direito é condição necessária para sua legitimidade. Sempre que a imprensa ou as redes sociais repercutem uma decisão do Supremo que você acha estranha ou errada, pode ter certeza: a decisão foi acompanhada de uma justificativa formal, que chamamos de motivação ou fundamentação da decisão, nem sempre reproduzida nos comentários e críticas públicos. Produzir uma fundamentação escrita para o uso de seu poder decisório é uma obrigação de todo juiz. É exigência expressa da Constituição.

A cobertura da imprensa pode nos fazer esquecer esse ponto. Principalmente porque alguns ministros e algumas ministras fazem particular esforço para incluir, em suas decisões e manifestações públicas, frases de apelo retórico, mas que pouco ou nada acrescentam à justificação jurídica da decisão. "Cala boca já morreu", disse a ministra Cármen Lúcia ao decidir um caso que envolvia biografias não autorizadas e liberdade de expressão. Em sessão no Tribunal Superior

Eleitoral (TSE), o ministro Gilmar Mendes disse, "sem querer ofender ninguém, mas já ofendendo", que a Lei da Ficha Limpa "parece que foi feita por bêbados". Em julgamento envolvendo o então governador do Distrito Federal, José Roberto Arruda, o ministro Ayres Britto disse que "há quem chegue às maiores alturas só para cometer as maiores baixezas". Em sua decisão que suspendia do cargo o governador Ibaneis Rocha após as invasões golpistas de 8 de janeiro de 2023, o ministro Alexandre de Moraes afirmou que "a democracia brasileira não irá mais suportar a ignóbil política de apaziguamento, cujo fracasso foi amplamente demonstrado na tentativa de acordo do então primeiro-ministro inglês Neville Chamberlain com Adolf Hitler".

Do ponto de vista jurídico, frases de efeito como essas são desnecessárias. Fazem parte de um esforço retórico e comunicacional dos ministros de ganhar apoio para suas decisões dentro e fora do tribunal. Seus autores, contudo, sabem que, institucionalmente, elas não têm poder justificatório. Em todos os exemplos acima, os votos continham páginas e páginas de argumentos para demonstrar que a decisão se justificava com base no Direito. Se ministros ou ministras não apresentassem suas razões jurídicas, estariam deslegitimando seu próprio poder. Essas "tiradas" retóricas podem ter o efeito positivo de simplificar um ponto de vista para o público em geral. Isso é valioso. Juízes não deveriam esconder os problemas jurídicos ou as implicações morais e políticas de suas decisões com frases rebuscadas e construções obsoletas. Uma decisão judicial redigida com um vocabulário hermético com o propósito de dificultar, para um leitor médio, a compreensão de seu conteúdo, falha na virtude básica de transparência no exercício do poder. Contudo, simplificar a linguagem é diferente de simplificar a substância. Acessibilidade ao público não pode ser um fator quando se trata da discussão dos argumentos que embasam uma decisão. Uma decisão judicial pode estar correta, sem que a sua fundamentação seja tão simples a ponto de ser imediatamente compreendida por uma pessoa sem treinamento em Direito.

No pior cenário, essas tiradas retóricas podem atuar como cortinas de fumaça. Atraem nossa atenção para o lugar errado, deixando fora de foco o mérito jurídico dos argumentos. Sempre que nos sentirmos muito confortados ou repelidos por uma frase de efeito, deveríamos redobrar nossa atenção na análise da substância jurídica da decisão. A independência e a autoridade do Judiciário não se justificam pelo eventual valor estético ou sabedoria das frases que produzem, mas, sim, pelo compromisso de que tentarão aplicar as leis e a Constituição, inclusive quando isso for impopular e custoso. No Capítulo 5, discutiremos como, na cultura política brasileira atual, ministros do Supremo se tornaram celebridades opinantes sobre os mais variados temas. Aqui, basta registrar que é um erro avaliar a solidez das decisões do STF a partir da eloquência ou das tiradas de seus ministros. Devem tentar falar de forma simples, mesmo quando tratam de problemas jurídicos complexos. Porém, para usar uma expressão corrente, "lacrar" não é papel de ministro do Supremo.

Estado de [pessoas que decidem sobre] Direito

Juízes não podem ser simplesmente removidos do cargo por terem frustrado ou perdido a confiança da população ou de autoridades públicas. Essa proteção é dada para que cumpram determinados objetivos da sociedade, não vontades pessoais do juiz. Ela se justifica plenamente dentro desses limites, mas nem um passo além disso. O maior objetivo a ser cumprido por um Judiciário independente em uma democracia é o respeito às regras da sociedade. Contudo, quando falamos em "Estado de Direito" como sendo um "governo de regras", às vezes perdemos de vista que regras não se aplicam sozinhas. Pessoas aplicam regras; juízes (inclusive os do Supremo) são apenas pessoas, ainda que possam se atribuir virtudes ou capacidades superiores às dos demais cidadãos. Como qualquer outra pessoa ocupando qualquer cargo público em qualquer instituição, em qualquer país, podem errar — de boa-fé, e até de má-fé. O que fazer, então, quando achamos que o Supremo errou ou utilizou seu poder fora do que a Constituição prevê?

Indignadas com decisões do STF que consideram profundamente equivocadas, algumas pessoas defenderam, nos últimos anos, o "fechamento" do tribunal. Uma versão mais comedida dessa demanda radical falava em uma "intervenção" — para substituir ministros que o defensor da proposta considera inaceitáveis, ou "enquadrá-los, forçando-os a reconsiderar alguma decisão tida como absurda. Em qualquer versão, trata-se de demanda incompatível com o Estado de Direito. Isso não implica, de modo algum, que não possamos reconhecer que juízes do Supremo podem, sim, errar e até se comportar movidos por razões pouco republicanas. Apontar erros e acertos em decisões do Supremo ou na conduta de seus ministros, avaliar que a instituição tem aspectos disfuncionais ou que seus ministros têm poder excessivo são atos que fazem parte do debate público em uma democracia. Muitas pessoas — incluindo o autor deste livro — discutem essas questões dentro e fora da academia e da comunidade jurídica. No entanto, não se pode extrair dessas discussões críticas uma proposta de suspender ou reduzir a independência judicial.

Um grau substantivo de independência judicial é condição necessária para qualquer democracia. Sem ela, nada garante que autoridades públicas respeitarão as regras do processo político, inclusive no que concerne à alternância e às regras para remover, pelo voto, quem está no poder. Na verdade, há consenso, hoje, sobre a necessidade de um Judiciário minimamente independente para o próprio desenvolvimento econômico de um país. Considere, por exemplo, que, no fim de 2022, em Israel, uma coalizão de extrema direita vitoriosa nas eleições começou a discutir propostas radicais de cooptação e redução de poderes da Suprema Corte. Em março de 2023, uma carta aberta assinada por 56 renomados professores de economia em universidades dos EUA (onze deles ganhadores do prêmio Nobel) alertou para as possíveis consequências negativas dessas reformas, observando que "um Judiciário forte e independente é parte fundamental de um sistema de freios e contrapesos", e miná-lo dessa forma "seria prejudicial não apenas à democracia, mas também à prosperidade e ao crescimento econômicos".[4]

É ilusão achar que podemos ter democracia e Estado de Direito sem divergências sobre regras, que vão perdurar inclusive depois que as decisões judiciais sobre tais divergências forem tomadas. O Supremo decide dezenas ou até centenas de milhares de processos anualmente; o Judiciário brasileiro como um todo, milhões de processos por ano. Apesar desses números assombrosos, julgar não é apertar parafusos para montar um móvel seguindo um manual de instruções. Julgar é exercer discernimento sobre temas que geram controvérsia — se não gerassem, pessoas não teriam investido tempo e recursos para levar a questão ao Judiciário e ao Supremo em última instância. Por qualquer parâmetro que se adote, em qualquer período de sua existência, o Supremo terá tomado decisões que uma parte da comunidade jurídica considera equivocadas. Isso vale para qualquer outro tribunal de cúpula do mundo. A matéria-prima em torno da qual se constrói e se justifica o processo judicial não é a justiça, nem mesmo "o direito" — mas, sim, *a divergência sobre o direito*, que surge porque ambas as partes em conflito afirmam ter a lei (e a justiça) do lado.

Regras sempre vão gerar divergências. O que precisamos é encontrar maneiras legítimas e pacíficas de resolvê-las. O processo judicial, nesse sentido, é um mecanismo análogo ao processo eleitoral. Ninguém espera que, após uma eleição, os partidos e os eleitores que perderam subitamente se convençam de que o outro lado na verdade é melhor, já que venceu a disputa. O fato de você continuar achando que o candidato derrotado era a melhor escolha não é um defeito do processo eleitoral: o objetivo das eleições não era lhe convencer, mas resolver pacificamente a disputa entre você e pessoas com visões diferentes da sua. Analogamente, o processo judicial é uma maneira pacífica de resolver divergências sobre a interpretação e a aplicação do Direito. É desejável que os argumentos vitoriosos convençam as partes derrotadas, mas não é necessário. O fato de você discordar de uma decisão do Supremo não é suficiente para tornar a decisão, e muito menos o tribunal, ilegítima.

A analogia entre o processo eleitoral e o processo judicial tem limites, mas ajuda a revelar dilemas mais profundos do Brasil de hoje. Muitos dos defensores do "fechamento" do STF que foram às ruas em 2021 e 2022, e atacaram o prédio do tribunal em janeiro de 2023, também se recusavam a aceitar a derrota de Jair Bolsonaro nas urnas. Após anos de desinformação e ataques sistemáticos ao tribunal, Bolsonaro conseguiu convencer uma parcela de seus seguidores de que só perderia as eleições de 2022 por obra de juízes do TSE e do STF. Nessa fusão de insatisfações com derrotas eleitorais e judiciais, Bolsonaro explorava a recusa de muitas pessoas em aceitar que outros, com crenças às vezes opostas às delas, têm igual certeza de suas convicções políticas e jurídicas, e essas certezas mutuamente excludentes precisam ser resolvidas de forma pacífica. Tanto eleições quanto processos judiciais precisam ter um ponto-final, goste-se ou não do resultado.

O papel do Supremo não é *acertar*. Muito menos agradar a todos os lados em disputa no contexto de profundas divergências. Seu papel é dar a melhor resposta possível, de maneira imparcial e justificada com base no Direito, aplicando os procedimentos legais vigentes a divergências sobre a lei e a Constituição. Se todos concordassem sobre a melhor pessoa ou as melhores ideias para conduzir o país, não precisaríamos de eleições. Se todos concordassem sobre como regras devem ser interpretadas e aplicadas, mesmo nos casos mais delicados, não precisaríamos de tribunais. Quem defende uma "intervenção" para retirar ministros fora das regras do jogo não entende ou não tem qualquer preocupação com democracia ou Estado de Direito.

"Errar por último": como, não o quê

Reconhecer a importância, em uma democracia, de uma instituição judicial independente e poderosa não é a mesma coisa que defender a configuração específica deste ou daquele tribunal. Dizer que o STF é fundamental para a democracia e o Estado de Direito não é dizer que devemos ficar satisfeitos com *este* STF, como está funcionando hoje, com as tarefas que a Constituição lhe atribuiu e os poderes que seus ministros atualmente exercem — e *como* os exercem. Aqui, a pergunta "Eles podem fazer isso?", repetida várias vezes neste texto, dá origem à questão distinta: eles *deveriam poder* fazer isso? Mesmo que esse poder esteja hoje em suas mãos, a forma como se configura é justificada? É compatível com a democracia e com o Estado de Direito? Ou existem formulações melhores para o país?

Críticos extremistas do STF dentro do Congresso Nacional falam de um excesso de poder do tribunal. Nessas propostas, costuma transparecer mais uma vontade de controlar do que de aperfeiçoar o Supremo, além de pouco apreço pela importância de juízes independentes em uma democracia. Contudo, críticas à configuração do poder e da independência do tribunal existem há muito tempo na academia, na comunidade jurídica e no debate público brasileiros. Essas críticas não são um fenômeno particular do Brasil ou do STF. O poder dos juízes é tão disseminado quanto controverso. Na América Latina, Argentina e México reformaram aspectos cruciais de seus órgãos judiciais de cúpula a partir dos anos 1990. Outros países, como Equador, Colômbia e Bolívia, criaram tribunais constitucionais inteiramente novos no mesmo período. Nos anos 1970, a França e a então Alemanha Ocidental introduziram grandes mudanças nos seus tribunais constitucionais. O Reino Unido criou uma Suprema Corte do zero, para substituir a comissão judicial da Câmara dos Lordes (que tradicionalmente fazia o papel de última instância do poder judicial). No Brasil, aliás, o Supremo passou por diversas reformas desde 1988, sendo a última a "Reforma do Judiciário" de 2004. Até aqui, porém, todas elas foram no sentido de *aumentar* o poder da instituição.

Nos EUA, a centralidade e a politização da Suprema Corte nos últimos trinta anos vêm gerando uma massa crítica de propostas de reformas, inclusive quanto ao tempo de permanência dos ministros no cargo. Hoje, o cargo é vitalício e sem limite de idade — os juízes só saem quando querem ou quando falecem. O sistema político de lá torna difícil imaginar mudanças drásticas na Suprema Corte, mas o debate vem crescendo. É um processo natural em democracias: crises e tensões políticas vão gerando aprendizado sobre o funcionamento, hoje, de instituições desenhadas em outros momentos e para outros contextos. Quanto mais as pessoas se perguntam "Eles podem fazer isso?", mais cresce a discussão sobre os limites desejáveis do poder dos juízes. Especialmente quando a pergunta é feita por indivíduos com visões de mundo e posições políticas diferentes ao longo do tempo.

O caso dos EUA ilustra essa dinâmica. A Suprema Corte iniciou um longo arco de protagonismo nos anos 1960, com mais de uma década de decisões progressistas sobre igualdade política, direitos reprodutivos e devido processo legal. Ao longo das décadas seguintes, grupos políticos mais conservadores começaram a se mobilizar para reagir utilizando os mecanismos do próprio sistema eleitoral. Se organizaram para eleger políticos comprometidos com a indicação de juízes dispostos a reverter as decisões que os incomodavam. A recente decisão da Suprema Corte determinando que mulheres não têm um direito constitucional à interrupção da gravidez no primeiro trimestre, revertendo jurisprudência de cinco décadas, é o principal marco dessa lenta transformação judicial movida a votos e eleições. Nesse longo processo, ficou evidente que não há nada de inerentemente "progressista" ou "conservador" em decisões judiciais. Quaisquer que sejam nossas causas políticas e preferências morais, juízes podem tanto tomar decisões convergentes com elas quanto frustrá-las profundamente. Políticos que hoje estão na oposição celebram decisões judiciais contrárias aos planos do governo da vez — para verem, quando for a vez deles de governar, o mesmo poder judicial ser utilizado contra as suas preferências morais e seus programas políticos.

No curto prazo, esse dado pode passar despercebido. Associamos o Supremo às pessoas que estão lá hoje, com suas posições e trajetórias específicas, como se esse poder fosse deles. Mas, em uma democracia, o mundo da política dá voltas, e o poder de hoje será também exercido no futuro pelas mãos de indivíduos com visões e disposições desconhecidas. Será utilizado de maneiras que nem sequer imaginamos possíveis, inclusive frustrando nossas perspectivas do que seriam decisões boas e corretas. Nesse processo, decisões sobre a extensão e o desenho do poder de tribunais que pareciam boas em um dado momento podem se mostrar perigosas ou injustificáveis ao longo do tempo.

Embora discutir o mérito de decisões específicas do Supremo seja tarefa fundamental da comunidade jurídica, sempre vamos conviver com erros do Supremo. Ao contrário do que ocorre com as outras instituições judiciais no Brasil, se você não concorda com uma decisão do STF, não há a quem recorrer. Note que alguma variação desse problema é inevitável. Se não fosse o STF, seria uma instituição acima dele — um Supremíssimo? — a rever suas decisões e errar por último. Se estivéssemos insatisfeitos com esse Supremíssimo, poderíamos exigir um Supremáximo para rever suas decisões — e assim por diante. Analisar e criticar decisões do tribunal é controle indispensável sobre o comportamento desses atores independentes. Mas esta crítica serve sobretudo para prevenir equívocos futuros. Não há como impedir ou reverter plenamente os erros de hoje.

Para todo argumento vencedor, haverá um contra-argumento derrotado. Quem resolve conflitos está destinado a desagradar a alguém. Felizmente, o Supremo não precisa conseguir convencer a todos de que todas as suas decisões estão certas. Uma decisão judicial de que discordemos profundamente pode ser considerada legítima, desde que o *modo* pelo qual ela foi tomada preencha certas condições envolvendo: (I) As pessoas que tomaram a decisão (quem são, como foram escolhidas, como se relacionam com o problema diante delas? Como se comportam nesse processo — e como se comportaram depois de decidi-lo?); (II) o desenho do cargo que ocupam (que incentivos têm para decidir deste ou daquele jeito?); e (III) os procedimentos envolvidos na tomada de decisão (como o caso chegou até lá? Como foi a participação das diferentes partes afetadas no processo? Como os argumentos foram apresentados e considerados na tomada de decisão?).

Nessa perspectiva, a mesma decisão, com exatamente a mesma fundamentação, pode ser considerada legítima ou ilegítima dependendo de variações nas dimensões (I), (II) e (III) acima. Uma mesma ordem de prisão, ou decisão suspendendo a execução de uma lei aprovada pelo Congresso, tem um sentido muito diferente, dependendo de quem a tomou e de como o fez. Imagine, por exemplo, uma decisão determinando a suspensão de sua conta em redes sociais, apontando a prática de diversos crimes contra a honra de um governador, no seguinte cenário hipotético. O juiz do caso foi indicado para aquela posição por um governador que você já criticou muito em redes sociais. O juiz era sócio do governador em um escritório de advocacia antes de ingressar na magistratura, mas não tinha expressão profissional relevante. Era sempre visto junto a esse político em situações sociais e as fotos desses encontros apareciam na imprensa. Mais recentemente, esse juiz declarou em entrevista que as críticas feitas ao governador têm passado do ponto. Esse juiz tem centenas de outros processos atrasados, envolvendo crimes bastante graves, mas ele encontrou tempo para, lendo uma postagem sua no Twitter, determinar de ofício (isto é, sem provocação de ninguém) a suspensão da sua conta.

O cenário acima é cheio de problemas no procedimento, no desenho da instituição e na conduta e na pessoa do juiz. Inclui versões exageradas de disfunções que aparecem, em alguma medida, no dia a dia do Judiciário brasileiro. São questões graves, que prejudicam a legitimidade da decisão, ainda que os argumentos oficiais que a justificam sejam um primor de fundamentação jurídica. Você teria toda a razão em desconfiar de uma decisão assim, ainda que os(as) melhores advogados(as) do país atestassem a qualidade dos argumentos jurídicos apresentados pelo juiz. Esse exercício de pensamento sugere que discutir o mérito/fundamentação das decisões judiciais é necessário, mas insuficiente para a legitimidade do Supremo. Não adianta apresentar excelentes argumentos em uma decisão e esperar que o perdedor reconheça a legitimidade da decisão, se foi produzida por uma instituição disfuncional, em contexto suspeito, com juízes parciais e/ou pressionáveis, que manipulam o tempo dos procedimentos a seu bel-prazer, com proximidade excessiva das partes e um claro interesse no desfecho do conflito. O perdedor não precisa ser convencido de que a decisão esteja certa. Mas tampouco deve ser encorajado, pelo desenho da instituição ou pelo comportamento de seus juízes, a pensar nos argumentos apenas como uma fachada para interesses parciais e pouco republicanos, ou preocupações alheias ao Direito.

Defender o Supremo "enquanto tribunal"

Este livro não enfoca decisões específicas, mas como o Supremo se organiza em dimensões, que, se não funcionam corretamente, podem colocar em dúvida a legitimidade das decisões da instituição. O Supremo é, hoje, um tribunal legítimo, que cumpre um importante papel em nossa democracia, mas com disfunções de desenho e de comportamento de seus integrantes que vêm erodindo aos poucos sua legitimidade enquanto tribunal. Essa última condição — "enquanto tribunal" — é fundamental. A instituição pode ter grande apoio entre a população em um dado momento, mas tal apoio pode se dar por razões incompatíveis com as mais básicas expectativas sobre imparcialidade e a aplicação da lei.

Segundo uma pesquisa realizada pela Atlas/Jota em janeiro de 2023, 81% dos respondentes que haviam votado em Lula e 80% dos que haviam votado em Simone Tebet no primeiro turno das eleições afirmaram confiar no Supremo. No caso dos eleitores de Ciro Gomes, esse número caía para 53%.

Entre os eleitores de Jair Bolsonaro, porém, 91% afirmaram não confiar no Supremo.[5] O contraste é preocupante, considerando que, na conjuntura política da pesquisa, o tribunal vinha sendo publicamente percebido como antagonista — ainda que agisse por boas razões — do presidente Bolsonaro. Esse é o mesmo Supremo que, para boa parte do eleitorado de Lula, teria falhado em não intervir em suas condenações (que o deixaram inelegível) e em manter sua prisão em abril de 2018 (o que o deixou fora da campanha eleitoral). Também é o mesmo Supremo que, para muitos eleitores do Partido dos Trabalhadores (PT) nas últimas eleições, deixou de julgar as ações de Dilma Rousseff contra sua condenação por crime de responsabilidade pelo Senado em 2016.

Essa transformação na posição relativa ao Supremo de muitos eleitores à esquerda é uma das surpreendentes viradas do roteiro da política brasileira nos últimos anos. É possível especular que essas mesmas pessoas, após anos de suspeita sobre o tribunal, confiem nele hoje, não por terem recuperado a fé na imparcialidade dos ministros — mas justamente por uma percepção de parcialidade contra políticos que detestam. Isso é muito diferente de confiar em uma instituição judicial, ainda que ela não atue exatamente de acordo com suas preferências, por reconhecer sua imparcialidade e seu compromisso com o Direito — o que chamo aqui de legitimar o Supremo "enquanto tribunal". É também uma fonte bastante instável de apoio, que pode evaporar dependendo do conteúdo das decisões do tribunal e do seu sentido na conjuntura política. Muitos dos que apoiaram o Supremo contra Bolsonaro poderiam rapidamente retirar essa confiança se o tribunal começasse a agir contra um governo que considerem melhor.

É um clichê da área do Direito dizer que o Supremo Tribunal Federal erra por último. Rui Barbosa, patrono dos advogados brasileiros, escreveu que o tribunal, *"não sendo infalível, pode errar. Mas a alguém deve ficar o direito de errar por último, a alguém deve ficar o direito de decidir por último"*. O sentido dessa ideia não é que não devemos nos importar com os erros ou abusos do tribunal. Ela diz respeito à *responsabilidade* do Supremo, não apenas ao seu poder. Justamente porque errar será inevitável, e porque não há recurso para instância superior, o modo de tomar decisões deve ser impecável. O que entendo por modo de funcionamento do tribunal vai muito além de como as decisões são justificadas. Inclui como os casos chegam ao tribunal, como diferentes atores dentro e fora da instituição interagem antes e durante os julgamentos, como o tribunal escolhe quais casos decidirá em um dado momento. Inclui até mesmo como as pessoas chegam ao tribunal e se tornam ministros.

Essas dimensões do funcionamento do Supremo nos ocuparão nos próximos capítulos. A instituição precisa funcionar bem e seus integrantes precisam se comportar bem para estarem à altura de sua imensa responsabilidade. Estando na peculiar posição de decidir por último, o STF tem também a última palavra sobre seus erros, seus poderes, seus limites. Da mesma forma que o STF pode errar quando avalia o comportamento dos outros poderes, também pode errar ao responder a questionamentos sobre seus próprios limites. Defender o papel do STF na democracia brasileira exige cerrar fileiras contra qualquer ameaça de intervenção ou fechamento, mas também requer trabalhar para que o STF funcione da maneira mais legítima possível. Seria um equívoco grave imaginar que uma instituição que, em boa parte, se justifica por sua função de frear abusos cometidos por outros poderes, não deveria ser constantemente monitorada e aperfeiçoada para evitar abusos cometidos por ela própria.

2. Quem são essas pessoas?

Será que entender o Supremo é tão complicado assim? Há uma maneira simples e frequentemente usada para analisar o funcionamento do tribunal: separar ministros de acordo com os presidentes que os colocam lá. Matérias na imprensa volta e meia apresentam gráficos apontando quantos ministros cada presidente indicou, quem foi escolhido por cada presidente e quantos anos ficarão no tribunal — este último dado já implicitamente nos fazendo pensar nos nomes que serão escolhidos por futuros (ou atuais) presidentes. É fácil entender o apelo dessa maneira de pensar. O tribunal é uma criatura de Brasília. Seus integrantes são indicados por políticos, que não deixarão de pensar politicamente quando escolhem juízes. Dados sobre as trajetórias das 33 pessoas que foram juízes no STF entre 1988 e 2013 mostram que, embora nenhuma delas tenha nascido em Brasília e apenas dois ministros tenham feito graduação lá, nada menos que dois terços já estavam trabalhando na capital antes da indicação.[6] Hoje, o fenômeno do(a) potencial indicado(a) que começa a circular em Brasília apenas quando seu nome é cogitado é espécie praticamente extinta.

A conexão com o mundo de Brasília é também geográfica. Em maior ou menor medida, ministros convivem com políticos. Não é necessário que seja assim. O Tribunal Constitucional Alemão tem sua sede em Karlsruhe — não na capital, Berlim, nem mesmo em Bonn, onde ainda existem instituições federais do período anterior à reunificação dos lados Ocidental e Oriental em 1990. Em contraste com a cúpula do Judiciário, a Corte Constitucional da África do Sul fica em Johannesburgo, que não é sequer uma das três capitais do país (Pretória, para o Executivo; Cidade do Cabo, para o Legislativo; e Bloemfontein, para o Judiciário em geral). Em contraste, a Corte Constitucional da Colômbia, o Conselho Constitucional francês e as Supremas Cortes dos EUA, da Austrália e do Canadá funcionam nas respectivas capitais, junto com as outras principais instituições políticas nacionais. É o caso do STF.

Há um saudável grau de realismo nessa maneira de encarar o tribunal, que conquistamos apenas recentemente. Fomos deixando de lado a visão de que as pessoas que integram o Supremo funcionam em um "mundo do direito" supostamente apartado dos conflitos e reviravoltas da política nacional. Perguntar quem colocou um ministro no STF pode, sim, nos revelar informações relevantes sobre quem é esse ministro e como ele decide. Por exemplo, nos anos 1990 e 2000, ministros e ministras de mesma origem presidencial tenderam a votar juntos, em certo tipo de procedimento, com mais frequência do que outros. Foi o caso dos ministros indicados durante a ditadura militar, antes da redemocratização, e que permaneceram no STF após 1988.[7] Analisando os mesmos procedimentos em um período maior, outro estudo constatou que os indicados por Fernando Henrique Cardoso (Gilmar Mendes, Nelson Jobim e Ellen Gracie) formaram um visível bloco de votação no período em que estiveram juntos no tribunal.[8]

Contudo, embora válida em tese, essa ideia não deve ser levada longe demais. Vários estudos mostram que o dado de qual presidente nomeou qual ministro(a) não é o suficiente para prever como (e com quem) eles(as) votam (ou votarão).[9] Para quem observa o tribunal, não faltam exemplos de ministros decidindo de formas surpreendentes, se considerarmos apenas quem os indicou. Indicado por Dilma Rousseff, Edson Fachin foi o relator da ação que questionava regras do procedimento de impeachment que vinha sendo adotado no caso da presidente. Em dezembro de 2015, Fachin abriu o julgamento com o voto mais distante possível dos pedidos da defesa de Dilma (o ministro acabou sendo voto vencido). Gilmar Mendes, indicado por Fernando Henrique Cardoso, relatou inquérito contra Antonio Palocci, ex-ministro da Fazenda de Lula. Em 2009, Mendes votou pelo arquivamento da denúncia. Foi um placar apertado (cinco a quatro), com dois indicados por Lula, Ayres Britto e Cármen Lúcia, votando pela abertura do processo penal contra Palocci. Toffoli, indicado por Lula em 2009, votou pela condenação de José Genoino, ex-presidente do Partido dos Trabalhadores, no julgamento do "Mensalão" em 2013.

Nos EUA, conta-se que, indagado nos anos 1950 sobre se teria cometido erros na Presidência, o conservador Dwight D. Eisenhower teria respondido: "Sim, dois. E ambos estão na Suprema Corte" — uma referência aos juízes Earl Warren e William Brennan, que vinham tomando decisões progressistas em temas de direitos fundamentais. Há também o fenômeno oposto: o juiz cuja atuação é aprovada por adversários políticos de quem o indicou. Segundo apuraram os jornalistas Felipe Recondo e Luiz Weber, no livro *Os onze: O STF, seus bastidores e suas crises*, nos últimos anos de seu governo, Lula considerava Gilmar Mendes o melhor ministro do STF — indicado por seu adversário histórico, FHC, e com fortes laços com lideranças do PSDB.[10]

Com alguma frequência, ministros frustram as expectativas dos políticos que os nomearam. Isso ocorre porque a política brasileira é maior do que o presidente da República. Dizer que o tribunal é uma criatura de Brasília (ou seja, da política) é diferente de dizer que ele é uma criatura *dos presidentes* responsáveis por sua composição. Ministros são nomeados pelo presidente, mas precisam ser aprovados pelo Senado. No sistema presidencialista brasileiro, um presidente não conseguiria indicar um ministro sozinho, da mesma forma que não conseguiria aprovar leis sozinho. Precisa de apoio no Congresso, e essa necessidade influencia os nomes que indica ao Supremo. Mais ainda, esses juízes geralmente permanecem no cargo por muito tempo após o fim dos mandatos dos presidentes que os indicaram. Mesmo no curto prazo, exercem sua função e mantêm seu salário e poder independentemente de agradarem ou não a quem os colocou lá. Podem, e devem, agir sem esse tipo de submissão. Ministros não são fósseis com o DNA de agendas políticas passadas. Têm independência para responder ao cenário político, às agendas e aos conflitos de hoje — para o bem ou para o mal.

Além disso, o STF e seus ministros não são *apenas* criaturas de Brasília. Têm relações e trajetórias profissionais variadas — com carreiras longas e, em alguns casos, consolidadas antes da nomeação para o tribunal. Essas trajetórias incluem experiências e formação no mundo do Direito, que se comunica com o da política, mas de modo algum é idêntico a ele. Seu ingresso no tribunal não apaga essa história individual. Quem são essas pessoas, portanto, importa em um tribunal como o Supremo — às vezes mais do que quem as indicou. Uma importante agenda de pesquisa sobre o STF envolve saber se determinadas experiências profissionais prévias (seja porque moldam suas crenças, seja porque definem quais grupos e audiências importam para tais pessoas) ajudam a explicar o comportamento no tribunal. Os ministros do Supremo são criaturas que habitam diversos mundos sociais e profissionais: Brasília; a profissão jurídica e seus subconjuntos; o Brasil e suas políticas locais.

A composição do Supremo passa pela interseção desses três mundos. Ao longo das décadas, e ainda hoje, o conjunto do tribunal é bem diferente do que teríamos se as vagas fossem preenchidas por um simples sorteio entre todos os cidadãos brasileiros com mais de 35 e menos de 70 anos, que fossem profissionais do Direito (deixemos de lado, por enquanto, os requisitos constitucionais de "notável saber jurídico" e "reputação ilibada"; voltaremos a eles mais tarde). A primeira mulher a ser indicada para o STF, Ellen Gracie, ingressou no tribunal em 2000. Mais recentemente, Cármen Lúcia (2006-) e Rosa Weber (2011-) se juntaram ao, infelizmente, seleto grupo de três únicas dentre os 178 ministros que passaram pela instituição de 1890 a 2022. Se incluirmos nessa conta a história do Supremo Tribunal de Justiça — órgão judicial de cúpula no Império, criado em 1828 por d. Pedro I, cujos integrantes foram transformados em ministros do novo STF criado após a Proclamação da República —, foram 296 ministros e apenas três ministras.

A história oficial do Supremo registra três ministros negros no período da República — Pedro Lessa (1907-1921), Hermenegildo de Barros (1919-1937) e Joaquim Barbosa (2003-2014). No momento de publicação deste livro, o tribunal não tinha ministros ou ministras negros. Contando a partir da República, 33 ministros do STF são do Rio de Janeiro, trinta de Minas Gerais e 25 de São Paulo. Cinquenta e dois ministros vieram de estados da Região Nordeste — catorze deles da Bahia. Entre 1988 e 2013, 64% dos ministros vinham da Região Sudeste e 81% dos ministros haviam estudado em apenas quatro estados: Minas Gerais, Rio de Janeiro, São Paulo e Rio Grande do Sul; na verdade, em todo o período de existência do Supremo, dezenove dos 27 estados do Brasil não formaram nenhum bacharel que tenha se tornado ministro.[11] Em termos quantitativos, portanto, o ministro típico ao longo da história do STF tem sido um homem branco da Região Sudeste.

Como chegamos a esse padrão? Por um lado, ele reflete o que tem sido a política e o poder na história brasileira. Não é diferente do que poderíamos observar no caso de presidentes da República (Dilma Rousseff foi a primeira mulher a ocupar o cargo, em 2010, e até hoje não tivemos uma pessoa negra na Presidência). De maneira semelhante, embora tenha havido transformações nas últimas décadas, o Poder Judiciário brasileiro como um todo tem menos juízas do que juízes e muito mais pessoas que se declaram brancas. Segundo o "Perfil sociodemográfico dos magistrados brasileiros", publicado pelo Conselho Nacional de Justiça em 2018, 38% da magistratura é composta por mulheres, 80% de seus integrantes se declaram brancos, 16,5% se declaram pardos e apenas 1,6% se declara negro.[12] Por outro lado, os caminhos até o STF seguem lógica e regras distintas, tanto da carreira política quanto da carreira judicial em geral. Tornar-se ministro(a) do STF não depende, tal como ocorre com os demais juízes no início da carreira, de uma prova de concurso público; e, embora chegar ao tribunal exija apoio e trânsito político, é diferente de vencer uma campanha eleitoral.

"Notável saber jurídico" e "reputação ilibada": necessários, mas insuficientes

Segundo a Constituição, as vagas no Supremo devem ser preenchidas por brasileiros natos, de 35 a 70 anos de idade, com "notável saber jurídico" e "reputação ilibada". O presidente da República escolhe e nomeia futuros ministros(as), depois da aprovação pela maioria no Senado Federal. Uma vez empossado(a), o(a) ministro(a) permanece no cargo até completar a idade máxima prevista na Constituição (hoje fixada em 75 anos), após a qual será compulsoriamente aposentado(a). Esse sistema é aplicado há muito tempo em nosso país. Foi adotado na Constituição de 1891, que, nesse aspecto, era uma cópia do sistema adotado na Constituição dos EUA (1787). Foi alterado por um breve período durante a ditadura de Getúlio Vargas. A Constituição de 1937 determinava que a escolha do presidente seria confirmada por um "Conselho Federal", que era basicamente uma extensão da vontade unilateral do próprio presidente.

O sistema que temos hoje permanece inalterado desde a Constituição de 1946. Atravessou a ditadura militar, quando o Senado não tinha, de fato, capacidade de resistir à indicação presidencial. Convivemos há décadas com um Supremo que é indicado conjuntamente por políticos eleitos — presidentes e senadores. Essa estabilidade permite um aprendizado sobre como essas regras funcionam na prática, como diferentes atores e interesses podem se organizar para atuar dentro delas e quais os efeitos e problemas a serem ajustados. Mas o fato de um sistema ser "tradicional" não o torna necessariamente bom. Na verdade, a permanência do sistema ajuda inclusive a revelar falhas ou oportunidades de aperfeiçoamento.

Se olharmos as propostas de Emenda à Constituição (PEC) relativas ao funcionamento do STF desde 1988, notaremos que a grande maioria tem a ver com formas alternativas de indicação e permanência de ministros no cargo, e não com alterações nos poderes do tribunal.[13] Em 2015, por exemplo, um grupo de senadores apresentou uma PEC que estipulava que os ministros do Supremo seriam "selecionados mediante concurso público de provas e títulos entre cidadãos com mais de 35 e menos de 65 anos de idade, de notável saber jurídico e reputação ilibada". Ainda nos termos da proposta, os aprovados nesse concurso seriam então "nomeados pelo presidente da República para mandatos de cinco anos".

A ideia do concurso público é bastante popular em conversas informais sobre a seleção de ministros. Seu apelo inicial é evidente. Se ministros do STF são juízes, como é possível que o sistema de concurso seja bom para escolher juízes e juízas em geral, mas não para a escolha dos integrantes do mais alto tribunal do país? O que justificaria o Supremo ter uma forma de escolha específica e tão diferente na sua lógica? Por que alguém acharia uma boa ideia permitir que políticos eleitos escolham as pessoas que tomarão decisões sobre as leis que os próprios políticos fazem — e até mesmo sobre o destino de vários desses políticos nas muitas ações penais que, graças ao desenho do foro privilegiado no Brasil, o STF vem recebendo na última década?

Para responder a essas perguntas precisamos compreender a lógica por trás do sistema de indicações que temos hoje. Mesmo se você considerar que o concurso público é um ótimo sistema para a seleção de juízes, certamente não renunciaria ao seu direito de votar para escolher seus representantes políticos. Temos regras diferentes para diferentes instituições públicas, até mesmo dentro do Judiciário. A questão é saber que tipo de regras funcionam bem para o Supremo — considerando como ele é e como queremos que ele seja.

A ideia do concurso público enfatiza *o que* alguém sabe, não *quem* ele é. O concurso público ideal é impessoal, no sentido de que uma pessoa só será aprovada pelo que apresentou dentro da moldura e momento específicos do concurso. O caso do Supremo é diferente. Os(As) indicados(as) precisam ter conhecimento e experiência no campo do Direito, e bastante, mas isso é insuficiente. Há múltiplos objetivos em jogo e o "notável saber jurídico" é apenas uma das dimensões relevantes. O caráter, as ideias e visões de mundo, o senso de responsabilidade, a experiência e a postura profissional dessas pessoas, como veremos adiante, são fundamentais para juízes do STF. São coisas que você não consegue aferir em uma prova de conhecimento. Para essa escolha importa, e muito, saber *quem* são as pessoas indicadas, se têm trajetórias específicas que as distinguem nas dimensões acima.

"Notável saber jurídico" e "reputação ilibada" são características que centenas, ou talvez milhares, de brasileiros e brasileiras preenchem em qualquer momento em que uma vaga no Supremo se abre. Essas características, porém, são apenas um piso, um conjunto de requisitos mínimos. Dentre uma lista de possíveis nomes — uma lista que será sempre ampla —, o presidente escolhe uma pessoa por considerar decisivos determinados atributos que ela tem. Ao contrário do que ocorre no concurso público, importa, sim, quem é a pessoa.

Com isso, não quero dizer que a escolha será "pessoal", em um sentido de proximidade social entre presidentes e indicados(as). Em 2020, Bolsonaro afirmou que seus potenciais indicados ao STF teriam de "tomar tubaína" com ele para fazer jus à vaga. Estava normalizando a visão de que os ministros do STF costumam não apenas pensar como o presidente que os indicou, mas também até mesmo fazer parte do seu círculo social mais próximo. No entanto, se considerarmos como o STF tem funcionado, essa generalização não se sustenta. Diversos ministros e ministras tiveram seus primeiros contatos com os presidentes que os escolheram apenas no contexto do próprio processo de disputa pela vaga. É o que consta ter sido o caso de Luís Roberto Barroso e de Edson Fachin com relação a Dilma Rousseff e de Joaquim Barbosa com relação a Lula. Alguns ministros, como Dias Toffoli (indicado por Lula) e Celso de Mello (indicado por José Sarney), podem ter convivido com os presidentes que os indicaram durante um período de suas carreiras, mas não mantiveram convívio pessoal ou profissional em sua trajetória no STF.

Dizer que o mecanismo atual tem um elemento pessoal, no sentido que adoto aqui, não é fazer uma crítica. É apenas reconhecer que a escolha do presidente é indissociável da história da pessoa escolhida. Você precisa nomear alguém para um cargo poderoso e com estabilidade, capaz de influenciar de forma decisiva o destino do país e do seu próprio governo; como não avaliar a vida da pessoa até aquele momento? Pense nesse "passado" como um amplo conjunto de informações: o que (e como) a pessoa conquistou até ali, as relações que cultivou, as ideias e posições que expressou. Como não considerar o que ela decidiu, fez, escreveu, disse e praticou, para, a partir desses elementos, tentar imaginar como se comportará dali em diante?

Você deve ter percebido que não estou dando peso especial ao conhecimento jurídico dos indicados. De fato: ao contrário do que ocorre em um concurso público, o sistema atual não se concentra apenas, nem mesmo primariamente, no conhecimento jurídico. As tarefas do Supremo têm um legítimo componente que não é técnico, mas, sim, político, em dois sentidos: primeiro, o tribunal toma decisões de altíssimo *impacto* político, com as responsabilidades daí decorrentes. Segundo, são decisões que envolvem *questões* políticas — perguntas jurídicas cujas respostas serão coloridas pelas visões de mundo dos ministros e ministras. Falaremos mais sobre as competências e funções do STF no Capítulo 3. Aqui, apenas destaco algumas responsabilidades do Supremo que ilustram este duplo componente político: a função de guardião da Constituição e o papel do STF como tribunal penal em casos que envolvem autoridades com foro por prerrogativa de função.

"Saber" e "reputação" — para fazer o quê?

Uma das principais funções do Supremo é o chamado controle de constitucionalidade: o poder de decidir se leis aprovadas pelo Poder Legislativo são, ou não, compatíveis com a Constituição. Embora possa haver casos fáceis, em que uma lei é claramente contrária a um dispositivo constitucional cuja aplicação e sentidos são incontroversos, a maior parte dos casos que chegam ao plenário do STF não será assim. Os juízes do Supremo precisam discutir em casos controversos como interpretar e aplicar expressões vagas, às vezes moralmente carregadas, como "dignidade", "igualdade", "liberdade", com as quais dispositivos constitucionais são construídos. A tarefa central de um Tribunal Constitucional é resolver controvérsias desse tipo, em que, com frequência, há argumentos respeitáveis de ambos os lados.

Por exemplo, o STF já precisou decidir se exigir a apresentação de um segundo documento de identificação, com foto, além do título de eleitor, na hora de votar, violaria direitos políticos — ainda que pudesse combater fraudes — por tornar o ato de votar mais custoso. Também já decidiu se criar reserva de vagas com base em critérios raciais em concursos públicos viola, ou não, o princípio constitucional da igualdade. Em 2019, precisou decidir se, ao criminalizar o "racismo", a Constituição já previa, implicitamente, também a possibilidade de se criminalizar a discriminação por orientação sexual. Há diferentes posições e argumentos sobre essas questões, mas elas não são simples nem têm respostas jurídicas óbvias. Nenhuma delas se resolve com uma simples leitura do texto constitucional. Na verdade, envolvem considerações e juízos próximos de discussões morais, políticas e até econômicas, ainda que, no fim das contas, o Supremo esteja enfocando um problema aparentemente jurídico: essa lei é compatível com a Constituição?

Mesmo que você dedique sua vida ao estudo do direito constitucional, jamais chegará a uma suposta resposta certa, "técnica" e unívoca sobre como interpretar e aplicar todas as cláusulas constitucionais, para todas as leis que já existem e todas as que ainda serão criadas. Determinados problemas jurídicos refletem dilemas políticos que dividem qualquer sociedade, e que tribunais serão forçados a revisitar ao longo do tempo, às vezes depois de mudanças nos valores sociais predominantes. Em uma democracia, pessoas terão visões de mundo distintas e irreconciliáveis sobre justiça, liberdade, igualdade e outros valores que vão influenciar a leitura dos compromissos constitucionais. Nenhum tipo de teste de conhecimento identificará os(as) "melhores" candidatos(as) para resolver essas questões, que não são apenas de técnica jurídica.

Em algum grau, as considerações acima poderiam valer para qualquer juiz no Brasil. Contudo, o problema tem natureza distinta no caso do Supremo. Sua responsabilidade política é distinta da do juiz de primeira instância, que decide sabendo que eventuais erros poderão ser revistos e corrigidos por instâncias superiores. Os juízes do Supremo, como já foi dito, decidem em última instância questões com um grande impacto político. A independência e o poder dos ministros são garantidos pelo desenho institucional; a responsabilidade e prudência no uso dessa independência, não. O custo, para o país, de uma decisão impensada ou do arroubo inconsequente de um juiz do Supremo é muito maior. Essas condições de exercício de enormes poderes exigem alta dose de cautela e responsabilidade — virtudes que não podem ser identificadas por uma prova de conhecimentos. Considerar a trajetória específica dos(as) indicados(as) é, portanto, a melhor forma de saber se (e em que grau) as possuem.

O Supremo também é uma espécie de "supertribunal penal de primeira instância". Tem competência originária para julgar diversas autoridades públicas, entre elas, deputados, senadores, ministros de Estado e o presidente da República. A Constituição confere aos ocupantes desses cargos a garantia de foro por prerrogativa de função — mais conhecido como "foro privilegiado" — junto ao Supremo, o que quer dizer que processos criminais (incluindo as investigações no inquérito) contra essas autoridades precisam começar e terminar no Supremo. Note-se que, nesses casos, o tribunal está exercendo uma função idêntica à de qualquer juiz criminal de primeira instância. Testemunhas serão ouvidas, documentos e provas apresentados e analisados. Os ministros precisarão decidir se certos fatos ocorreram ou não (e se constituem crimes ou não).

Mesmo após restrições recentes em sua aplicação (que discutiremos adiante), o escopo do foro privilegiado no caso do STF é fora da curva em termos comparativos. É amplo não apenas no número de cargos cobertos, mas também no puro volume de pessoas sob jurisdição originária do tribunal. Em diversos países, como o Japão, não existe nenhuma regra do tipo na Constituição; em outros, como os EUA e a Argentina, não há qualquer previsão de foro específico, embora possa haver imunidades processuais para algumas autoridades, como o presidente da República. Quando existe um conjunto de atores que só podem ser processados em tribunais superiores (não necessariamente no Tribunal Constitucional), é mais comum que isso abranja apenas a cúpula do Executivo, incluídos ministros de Estado (como na Dinamarca ou na França). No caso do Brasil, porém, são no mínimo setecentas as autoridades abrangidas pelo foro na mais alta corte do país.

Esse poder não é de modo algum latente. Faz parte da rotina da política nacional das últimas décadas. Em 2022, havia cerca de noventa procedimentos abertos no STF envolvendo deputados e senadores. Vamos discutir o foro privilegiado no Capítulo 3, a seguir. Aqui, porém, precisamos reconhecer que sua extensão e sua concentração colocam o Supremo em posição tão poderosa quanto perigosa. Apenas os ministros e ministras podem levar adiante investigações e processos penais contra os mais importantes atores políticos de Brasília, no Congresso e na Presidência. O destino de dezenas de políticos depende deles, incluídos senadores que participam formalmente do próprio processo de aprovação de novos juízes no tribunal. Há, portanto, um claro perigo de conflito de interesses aqui: os senadores estão escolhendo não apenas quem vai interpretar e aplicar a Constituição, mas quem atuará como juiz de primeira instância no caso de processos criminais contra eles mesmos. Escolhem seus próprios juízes.

O foro privilegiado concentrado nas mãos do Supremo se justificaria por dois motivos. Primeiro, a centralização — em uma instituição única, ainda que não necessariamente no Supremo — evitaria que essas autoridades percam tempo se defendendo de maneira fragmentada em tribunais múltiplos ao redor do país. Segundo, a decisão ficará nas mãos de instituição, em tese, menos sujeita à força de pressões políticas e outros interesses locais, que poderiam enviesar o comportamento dos magistrados de primeira instância. Aqui, a ideia é que ministros do Supremo estariam menos sujeitos a variáveis externas ao mérito jurídico do caso. Entretanto, embora esses julgamentos envolvam decisões de natureza essencialmente jurídica (ao contrário do controle de constitucionalidade), seu alto impacto sobre lideranças políticas pode ter o efeito contrário ao imaginado na justificativa original. Pode gerar sensibilidade política excessiva na decisão judicial, criando espaço para incentivos perversos no processo de seleção e escolha de novos ministros.

É tentador para presidentes e senadores indicar pessoas que vão usar os poderes penais do Supremo com preocupações mais ligadas à conjuntura política do que ao mérito jurídico e penal dos casos. Mesmo que as indicações sejam as mais republicanas, a percepção pública quanto a esse perigo pode não arrefecer. Ministros do Supremo precisam julgar pessoas que podem (às vezes em passado recente) ter sido decisivas para sua própria entrada no tribunal, ou, ao contrário, terem publicamente se oposto às suas indicações, ou serem adversários políticos de quem as apoiou. Nesse cenário, até os melhores argumentos jurídicos podem ser insuficientes para afastar completamente a suspeita de que o que motivou uma decisão — seja para punir demais, seja para punir de menos — não foi o Direito, mas quem eram as pessoas envolvidas.

A configuração do foro privilegiado no Brasil, assim, arrasta o tribunal para disputas sobre o destino de dezenas de pessoas envolvidas nos seus processos de indicação e com quem os ministros podem ter (ou parecer ter) fortes laços. O que, no mínimo, encoraja suspeitas sobre a imparcialidade da decisão. A solução para esse problema, porém, não pode ser a eliminação da política do processo de escolha. A função de interpretar e aplicar a Constituição envolve visões morais e políticas que precisam, sim, estar sujeitas a algum crivo democrático, e exigem responsabilidade política e sensibilidade institucional que não podem ser aferidas senão por avaliação global da trajetória dos(as) indicados(as). Podemos imaginar que o ideal seria um Supremo menos envolvido com o controle penal do comportamento de políticos (falaremos disso no Capítulo 3), como ocorre na maioria dos países. Enquanto o foro privilegiado for nossa realidade, porém, precisamos de mecanismos que impeçam que atores políticos capturem indicações para fins próprios. Precisamos de procedimentos que tornem difícil a escolha, para o Supremo, de pessoas dispostas a decidir questões penais como se fossem políticas — ou cuja trajetória dê boas razões para que essa suspeita se enraíze na percepção pública. Como o sistema que temos se sustenta diante dessas preocupações?

Como se escolhe um ministro?

Todo ministro e toda ministra do Supremo chegaram lá após nomeação por um presidente da República e aprovação por uma maioria de senadores. Esse mecanismo é mais decisivo do que os requisitos de "notável saber jurídico" e "reputação ilibada", já que, na prática, a caracterização dessas qualidades na trajetória de cada candidato é subjetiva. Há casos claros, nos quais ninguém diria que os indicados atendem aos requisitos. Em muitos outros, porém, as pessoas vão ter visões distintas sobre o que esses requisitos exigem no contexto prático dos candidatos individuais. O que é decisivo é quem o Senado e o presidente consideram que atende a esses requisitos. Da forma como o sistema funciona hoje, não há como pedir a uma outra instituição (como o próprio Supremo) que avalie se um indicado pelo presidente e aprovado pelo Senado "de fato" tem notável saber e reputação ilibada. Esses critérios são importantes para informar nossa avaliação dos ministros e focalizar eventuais críticas e comparações. Não são, porém, limites que possam ser impostos externamente, contra a avaliação do presidente e da maioria dos senadores. O Supremo já chegou ao ponto (controverso) de suspender indicações de ministros de Estado e de outras autoridades sujeitas ao poder exclusivo de nomeação do presidente. Nada indica, porém, que teria disposição ou capacidade de suspender, a pretexto de violação dos critérios constitucionais, uma nomeação para o próprio tribunal. Tudo que temos para fazer valer esses dois critérios são os procedimentos previstos na legislação, em combinação com a crítica pública.

No entanto, podemos e devemos sempre avaliar criticamente o juízo de presidentes e senadores sobre uma dada indicação. Já houve indicações que geraram agudas críticas quanto ao cumprimento dos requisitos constitucionais, vindas de vozes da própria comunidade jurídica. Foi o que ocorreu, por exemplo, em 2002, quando Gilmar Mendes foi indicado ao STF por Fernando Henrique Cardoso. No dia da sabatina de Mendes, Dalmo de Abreu Dallari, então professor da Faculdade de Direito da Universidade de São Paulo (USP), publicou um artigo na *Folha de S.Paulo* criticando a indicação.[14] Argumentou que a conduta de Gilmar à frente da Advocacia-Geral da União (AGU) sugeria um "desrespeito pelas instituições jurídicas" incompatível com o cargo de ministro; além disso, apontou que a posição de Mendes como um dos proprietários do Instituto Brasiliense de Direito Público (IDP) — que teria prestado serviços educacionais para a própria AGU — indicava um "problema ético" incompatível com a "reputação ilibada" exigida pela Constituição. Por sua vez, no mesmo dia e no mesmo jornal, o advogado Ives Gandra Martins defendeu a indicação, afirmando que Mendes possuía os requisitos exigidos pela Constituição.[15] A Ordem dos Advogados do Brasil (OAB), embora sem se pronunciar sobre a indicação de Mendes, emitiu na época uma nota na qual pedia a criação de uma "quarentena" para pessoas que tenham ocupado cargos no governo e pretendam ser consideradas para vagas no STF.[16]

Essas críticas, respostas e apoios são relevantes. O presidente e o Senado podem errar na análise dos requisitos a partir da trajetória do(a) indicado(a). Em alguns países, mecanismos de indicação política se combinam com avaliações de qualificação técnica e profissional feitas por representantes da comunidade jurídica. Indicados para a Suprema Corte do Reino Unido, por exemplo, candidatam-se perante comissão específica (formada por juízes e outros representantes do sistema de justiça) que os avalia, fazendo recomendações ao "Lord Chancellor" (equivalente ao nosso ministro da Justiça). O Lord Chancellor pode exigir reconsiderações da comissão, e envia o resultado desse diálogo (a recomendação de um nome) para o primeiro-ministro, que tem o poder formal de fazer a indicação. Esse sistema mantém a indicação nas mãos do primeiro-ministro e inclui a participação de atores políticos no processo, mas, ao contrário de um "concurso público", cria um procedimento no qual qualquer indicação precisa ser publicamente justificada por atender às qualificações técnicas exigidas pelo cargo.

No Brasil, mesmo na ausência de procedimento semelhante, podemos cobrar do Senado que ecoe e responda a preocupações mais amplas quanto à qualificação dos indicados. Essa avaliação pública aumenta o custo de indicações que não sejam claramente convincentes quanto aos requisitos constitucionais. Mesmo quando há aprovação do nome, temos visto votos divergentes no Senado, às vezes explicitamente justificados pela falta de um dos dois requisitos. Na sabatina de Nunes Marques, por exemplo, o senador Alessandro Vieira observou que o indicado "tem contra si mais de 25 representações no Conselho Nacional de Justiça (CNJ) por excesso de prazo", além de destacar matéria de jornal indicando que a tese de doutorado de Marques teria trechos idênticos a textos de terceiros — dois elementos que, segundo Vieira, minariam os requisitos de notável saber jurídico e reputação ilibada.[17]

No sistema da Constituição de 1891, havia referência apenas a "notável saber", sem o "jurídico". Isso abriu espaço para que Floriano Peixoto, em claro antagonismo ao tribunal da época, indicasse para uma vaga o médico Barata Ribeiro. A partir da Constituição de 1934, o texto passou a fazer referência explícita a notável saber *jurídico*. Tão importante quanto o que a Constituição diz, porém, é o que ela *não* diz. Por exemplo, não está dito que o(a) indicado(a) precisa ser bacharel em Direito, mas, sim, que tenha "saber jurídico". A prática e o entendimento consolidado nas últimas décadas, contudo, são bastante claros no sentido de impedir a indicação de alguém que não seja formado em Direito.

A Constituição deixou em aberto outros espaços para discussão política, para além da exigência de diploma de Direito. Três silêncios são relevantes. Primeiro, ela não diz que o indicado precisa ser juiz de carreira (quer dizer, alguém que ingressou na base da função judicial). Tampouco exige que tenha uma passagem em cargos específicos no Judiciário (por exemplo, como integrante de outro tribunal superior ao qual se ingresse por indicação política). A Constituição desenhou um tribunal aberto à diversidade em termos de origens profissionais, e que não é um último degrau para a promoção na carreira de juízes brasileiros.

O segundo silêncio constitucional diz respeito ao "equilíbrio" ou diversidade na composição do tribunal em termos de representatividade regional, das diferentes carreiras e profissões jurídicas, ou mesmo de gênero ou diversidade étnico-racial. Esses critérios de diversidade podem ser desejáveis. No caso de diversidade de gênero e étnico-racial, podem ser até moralmente obrigatórios, considerando o cenário de persistente desigualdade no país. No caso da representação de certas categorias profissionais do Direito (como juízes ou promotores), embora não haja uma obrigação moral, pode ser útil para o tribunal combinar pessoas com diferentes experiências e pontos de vista sobre o sistema de justiça. Esses elementos são parte da conversa sobre a composição do Supremo, e podem ser peça-chave da visão política e dos legados que um presidente quer deixar para o tribunal e para o país. Do ponto de vista jurídico, porém, a adoção desses critérios está dentro da margem de apreciação do presidente.

O terceiro silêncio constitucional diz respeito aos procedimentos para a decisão do presidente e de sua subsequente aprovação, ou não, pelo Senado. A Constituição não estabelece prazo ou etapas específicas. Cabe ao presidente adotar as práticas que considerar mais indicadas para prospectar e selecionar eventuais indicados e cabe ao Senado criar regras para decidir sobre a nomeação feita pelo presidente. No caso do Senado, boa parte dessas regras está formalizada no regimento interno. O presidente envia uma mensagem ao Senado com o nome do(a) indicado(a), designa-se um senador para relatar o caso e elaborar um parecer recomendando a aprovação, ou não, e há prazo mínimo para manifestações da sociedade civil. O ponto decisivo de todo esse processo é a sabatina, realizada no âmbito da Comissão de Constituição e Justiça (CCJ) do Senado.

Em 2013, após forte mobilização por parte de organizações da sociedade civil, os senadores aprovaram novos procedimentos a serem seguidos na avaliação dos indivíduos nomeados para determinados cargos, incluindo o de ministro do Supremo. As novas regras tornaram o processo mais aberto à participação e contestação públicas. Por exemplo, no início do processo que leva à sabatina, o Senado deve divulgar o currículo e as publicações do(a) indicado(a), bem como suas filiações institucionais e profissionais atuais e passadas (e, portanto, potenciais conflitos de interesse), além da documentação enviada pelo presidente com as razões que justificariam a indicação. As regras exigem que essas informações fiquem disponíveis para o público por algumas semanas antes da sabatina e permitem que qualquer cidadão possa enviar ao senador relator, na CCJ, sugestões de perguntas para a sabatina.

Até o fim dos anos 1980 não havia sabatina formal e pública, tal como conhecemos hoje. Ela não é simples formalidade. Serve para que o(a) indicado(a) apresente, em um contexto público e oficial, sua trajetória e qualificações para ser arguido pelos senadores sobre os pontos que considerarem relevantes. A sabatina não serve apenas ao interesse dos senadores e das senadoras. É a principal oportunidade que cidadãos e cidadãs têm para saber quem é e o que pensa o(a) indicado(a), para assim compreenderem o sentido político da indicação. É também a oportunidade que temos para avaliar a conduta *dos senadores* quanto a uma eventual aprovação. Afinal, a responsabilidade por colocar pessoas no STF não é só do presidente. Todo e qualquer ministro só está lá porque o Senado assim decidiu.

Como realmente *se escolhe um ministro?*

Essas são as regras do jogo — ou melhor, essas são as regras formais que ditam como esse processo *deve* acontecer. Mas deixam espaço para práticas e estratégias informais de diversos atores. Coloque-se no lugar do presidente da República. Você tem a oportunidade de indicar uma pessoa ao STF. Como essa vaga pode ser relevante para você, como presidente? Se o sistema dá a atores políticos o poder de escolher dentro de certas regras e limites, seria ingênuo imaginar que esse poder não será utilizado dentro do contexto maior da política nacional, do plano de governo e visão política do presidente. Considere, por exemplo, a declaração de Bolsonaro de que, após o ingresso de Nunes Marques no Supremo, ele teria "10% de si" no tribunal.[18] Como compreender essa afirmação, em uma perspectiva realista? Dez por cento de que e para quê?

Pensando com o cientista político Leandro Molhano Ribeiro sobre essas questões, ainda no segundo governo Lula, propusemos uma tipologia para entender de que serve, ao presidente, o poder de fazer uma indicação ao STF. Primeiro, influenciar decisões futuras do tribunal.[19] Segundo, sinalizar para seus eleitores e a sociedade em geral uma posição sobre um tema moral ou politicamente relevante. Terceiro, atender a demandas de sua coalizão política. Todos esses critérios são, em princípio, compatíveis com uma postura republicana por parte do presidente e dos políticos envolvidos. A possibilidade de que o poder de indicação política seja usado para essas finalidades é uma característica, não um defeito do sistema.

Vamos começar pelo primeiro ponto. O Supremo toma decisões sobre controvérsias fundamentais para a sociedade brasileira. Com frequência, decide sobre o que um governo pode ou não fazer, anulando até mesmo leis e atos adotados pelos poderes eleitos. Se essas questões já estiverem na pauta nacional no momento da indicação (ou no radar de um conjunto menor de atores políticos), o presidente pode indicar pessoas com ideias parecidas com as dele, esperando (legitimamente) que essas ideias moldarão as decisões desses futuros ministros quando enfrentarem essas questões.

Esse tem sido o cenário nos EUA, de onde importamos tais regras. Lá, as vagas para a Suprema Corte e o Judiciário Federal são preenchidas por indicação do presidente e aprovação do Senado. Nos mais de duzentos anos em que esse sistema vem sendo aplicado, parece haver crescente alinhamento de visões de mundo entre o ministro indicado e o presidente que o indicou. Usando categorias que fazem sentido lá, nas últimas décadas, isso significa que presidentes mais liberais tendem a indicar juízes com crenças mais progressistas em questões de direitos civis, igualdade e os limites do poder punitivo do Estado (como ação afirmativa, casamento entre pessoas do mesmo sexo, pena de morte) e mais simpáticos à regulação estatal (e ao poder da União, em relação aos estados), enquanto presidentes mais à direita tendem a indicar ministros do outro lado do espectro nessas questões. Quando o Senado é controlado por uma maioria, ainda que tênue, do partido da oposição, o presidente dos

EUA fica mais limitado na sua escolha. Quando, porém, o mesmo partido controla a Presidência e o Senado, a tendência ao alinhamento ideológico entre ministros da Suprema Corte, partido e presidente se intensifica.

Vimos um resultado desse sistema no polêmico caso Dobbs, decidido em 2022 pela Suprema Corte dos EUA. Em 1972, no caso Roe *v.* Wade, a corte havia decidido que a Constituição implicitamente protege a autonomia reprodutiva das mulheres — mais especificamente, que mulheres têm o direito ao aborto no primeiro trimestre de gravidez. A corte adotou a premissa, a partir de pareceres de especialistas, de que antes do terceiro mês de gravidez o feto não teria viabilidade extrauterina. Embora os juízes do caso (e a própria imprensa) não tenham imaginado essas repercussões em um primeiro momento, Roe se tornou a mais debatida decisão judicial das décadas seguintes nos EUA. Tornou-se ponto focal para a mobilização de segmentos conservadores da sociedade civil. Ao longo dos anos, conservadores em temas morais e liberais econômicos, apesar de visões de mundo distintas, construíram uma aliança política dentro do Partido Republicano tendo a reversão de Roe como um de seus principais motes eleitorais e objetivos de longo prazo. Saber como um candidato se posicionaria sobre Roe se tornou condição necessária para o Partido Republicano apoiar qualquer nome para a Suprema Corte. Essa dinâmica se mantinha mesmo quando o presidente da vez não tinha posições fortes sobre o tema. George W. Bush, por exemplo, enfrentou resistência do partido ao indicar Harriet Miers para a vaga aberta pela aposentadoria de Sandra Day

O'Connor, em 2005. Miers era advogada pessoal de Bush de longa data e assessora na Casa Branca, mas, aos olhos dos republicanos, tinha a grave falha de ter posições ambíguas sobre Roe. Bush se viu obrigado a retirar o nome de Miers e, no lugar, indicou Samuel Alito, juiz federal com posições reconhecidamente mais conservadoras.

O resultado dessas indicações foi o caso Dobbs, em que, quarenta anos depois da decisão original, a Suprema Corte anulou o precedente Roe. Isso não foi o resultado de uma composição incidental da corte, e sim de um tribunal deliberadamente reconfigurado ao longo de décadas de mobilização social e política, com indicações de juristas conservadores engajados contra o direito de aborto. Escrevendo pela maioria, duas décadas depois de sua indicação, o já mencionado juiz Alito observou: "A decisão no caso Roe estava gravemente errada desde o princípio." Para quem acompanhou o debate em torno das indicações para a Suprema Corte dos anos 1980 para cá, esse resultado não é surpreendente. Depois que Donald Trump indicou a juíza conservadora Amy Coney Barrett no lugar da progressista Ruth Ginsburg, consolidando sólida maioria conservadora no tribunal, parecia uma questão de tempo até Roe ser derrubado.

A possibilidade de que essa mudança ocorresse da forma como ocorreu é uma característica deliberada do desenho do sistema. Transformações político-eleitorais levam ao poder novas visões sobre determinados temas, e quanto mais eleições um movimento político vencer, mais chances terá de fazer indicações judiciais e, com isso, reorientar a jurisprudência daquele momento em diante. Pense no sistema como um relógio antigo: os resultados das eleições são expressos no ponteiro dos minutos e a posição do Supremo é o mais vagaroso ponteiro das horas — que, apesar de se mover devagar, está correlacionado ao movimento do ponteiro mais rápido.

Nos EUA, os rótulos de "liberal" e "conservador" convergem com a distinção entre direita e esquerda na política e fazem sentido para explicar o comportamento judicial porque também explicam o comportamento político na sociedade em geral. No Supremo brasileiro, questões constitucionais também envolvem a discussão de teses que são difíceis de separar da ideologia dos ministros da Suprema Corte. Por isso, podemos esperar que presidentes tenderão a escolher ministros com visão de mundo parecida com as deles. É o principal mecanismo de que dispõem, legitimamente, para alinhar as decisões futuras do Supremo com as próprias ideias. Por exemplo, o ministro André Mendonça, indicado por Jair Bolsonaro em 2021, se apresenta como uma pessoa religiosa e conservadora no campo moral. Antes de entrar no STF, havia se posicionado contra a legalização do aborto, contra a descriminalização da maconha e a favor de concepções mais tradicionais de família. Mendonça aparentemente mitigou algumas dessas posições em sua sabatina, como fazem muitos indicados ao STF quando confrontados com perguntas sobre sua trajetória. Esse recuo não é um sinal de que Mendonça abandonou as crenças que sempre professou. Indicados ao STF querem ser aprovados. Pressionados pelos senadores, procurarão diluir aspectos mais controversos das posições que assumiram no passado. Mendonça é, sem dúvida, um conservador em questões morais, e justamente por isso foi indicado por Bolsonaro. Não será surpresa se vier a assumir, no futuro, posições conservadoras em temas como direitos reprodutivos e igualdade de gênero.

Em alguns casos, já atuando no tribunal, ministros deixam evidente em seus votos os valores políticos e morais que moldam suas posições sobre a Constituição. Em julgamento sobre gratuidade de justiça em ações trabalhistas, o ministro Luís Roberto Barroso observou ter "o dever de declinar (...) os valores e as motivações que informam a construção do sentido que [*se*] está dando a uma determinada norma, que, evidentemente, como é o caso desta, comporta mais de uma interpretação". Listando suas premissas políticas e morais relevantes para o caso, observou:

> *[E]m uma sociedade desigual, um dos principais papéis do Estado é contribuir para a redução da desigualdade e para o enfrentamento da pobreza — esta é uma premissa importante do modo como vejo a vida e do modo como estarei interpretando esta matéria posta em julgamento; segunda, o enfrentamento da pobreza e a redução da desigualdade dependem do crescimento econômico e da distribuição justa de recursos; terceira, as diretrizes que pautam o raciocínio que a seguir vou desenvolver são as seguintes: qual dentre as interpretações possíveis facilita o crescimento com a expansão do mercado de trabalho; e qual dentre as interpretações possíveis produz a melhor alocação dos recursos sociais, porque isso é imprescindível para a distribuição de justiça e de riquezas.*[20]

As categorias que usamos no Brasil para identificar as crenças de pessoas no espectro moral — como "conservador" —, mesmo quando relevantes em alguns casos, não costumam expressar um alinhamento "em bloco" em uma lista de temas, como nos EUA. Ao contrário, é comum encontrar atores políticos e cidadãos que, nos termos dos EUA, seriam "progressistas" quanto ao tema A (por exemplo, ações afirmativas), mas "conservadores" quanto ao tema B (por exemplo, poderes de investigação das autoridades policiais). Da mesma forma, há ministros do Supremo que vêm sendo mais "punitivistas" em determinadas questões relativas à atuação penal do Estado, ao mesmo tempo em que são progressistas em matéria de costumes, como Luís Roberto Barroso e Edson Fachin. Gilmar Mendes, por sua vez, votou a favor da descriminalização de drogas, tal qual Barroso, embora os dois divirjam com frequência quando o tema é direito penal. No Brasil, saber se um ministro é mais ou menos "punitivista" em matéria penal não nos diz muito sobre sua posição em muitos outros temas com carga política e ideológica.

Em qualquer hipótese, é interessante que os ministros do Supremo não parecem se sentir à vontade em se apresentarem como "de direita" ou "de esquerda". Por exemplo, no mesmo julgamento citado acima, páginas após ter apresentado suas crenças sobre desigualdade e mercado de trabalho, o ministro Barroso observa que separa "o que é ser de esquerda do que é ser progressista (...). Progressista é defender aquilo que produz o melhor resultado para as pessoas, para a sociedade e para o país; sem dogmas, sem superstições ou sem indiferença à realidade".[21] Ou seja, ao mesmo tempo em que apresenta premissas morais e políticas, o ministro rejeita seu enquadramento nas categorias ideológicas mais usuais no debate público. Contudo, na política, as pessoas discordam justamente sobre o que conta como "o melhor resultado".

Coalizões e sinalizações

Há um complicador adicional. O presidente não está procurando apenas quem melhor atenda aos *seus* interesses. A aprovação do Senado é uma barreira prática a superar. No sistema político brasileiro, o presidente precisa montar uma ampla coalizão para governar. Nos EUA, com um sistema político bipartidário, no difícil cenário de um Legislativo dominado por um partido e o Executivo por outro, o presidente deve levar em conta as preferências do partido da oposição na hora de fazer indicações. Consta que o presidente Barack Obama, por exemplo, optou por indicar Merrick Garland por ser mais moderado que seu nome favorito (Paul Stratford), acreditando que isso facilitaria a aprovação no Senado (Garland nunca chegou a ser sabatinado e a vaga ficou para a presidência de Donald Trump).

No caso do Brasil, o cálculo presidencial é ainda mais complexo. As coalizões são formadas por diversos partidos e atores com compromissos e ideologias bastante díspares, tornando maior o desafio de indicar alguém que atenda ao que exigem todos os envolvidos. Forças políticas nacionais e regionais terão uma visão própria sobre o perfil da pessoa que deveria estar no Supremo. Aqui, uma vaga no Supremo também é uma chance que atores políticos e sociais têm de influenciar, ainda que indiretamente, os rumos do país. Nesse cenário, a vaga é comparável a outros cargos no governo: uma posição muito relevante que pode ser franqueada para grupos da coalizão em troca de apoio político. Deputados, senadores, governadores e lideranças partidárias podem demandar a nomeação (ou veto) de um determinado indivíduo, para continuar apoiando iniciativas do Executivo. A indicação de um(a) ministro(a) do Supremo é um recurso valioso que o presidente tem o poder de alocar. Nesse sentido, podemos dizer que, para além da influência sobre os rumos da jurisprudência do STF, que discutimos acima, a indicação para o STF também pode cumprir uma finalidade de *negociação de apoio político* no cenário mais amplo de uma coalizão do governo.

Às vezes se atribui à indicação o propósito de agradar não a outros políticos e seus partidos, mas diretamente a uma parcela do eleitorado. São indicações que marcam posição do presidente sobre temas simbólicos na vida do país. É o que podemos chamar de estratégia de *sinalização*: o presidente usa a oportunidade da nomeação para expressar seu comprometimento com um conjunto de valores, causas sociais ou ideias de relevância simbólica para a sociedade. Nesse sentido, líderes no Brasil e em outros países já afirmaram uma intenção de indicar membros de minorias, sejam étnicas, religiosas, culturais ou de gênero. No Brasil, a indicação de Ellen Gracie para o STF, por Fernando Henrique

Cardoso, foi interpretada como uma expressão do desejo de trazer, pela primeira vez na história do país, uma mulher para o tribunal. De maneira ainda mais explícita, a indicação de Joaquim Barbosa foi precedida por um anúncio do presidente Luiz Inácio Lula da Silva de que procuraria indicar um ministro negro para o STF.

Em contraste com a barganha no âmbito de uma coalizão partidária, a sinalização é feita para a sociedade como um todo. Aqui, a audiência da indicação é a opinião pública, e não grupos organizados de atores políticos cujo apoio o presidente pretende atrair. Isso não quer dizer que esse tipo de indicação não seja parte de uma estratégia política mais ampla, como obtenção de votos ou mobilização da opinião pública em favor do presidente. Jair Bolsonaro havia deixado claro em seu primeiro ano de mandato que indicaria um ministro "terrivelmente evangélico". Essa afirmação não expressa apenas uma posição sobre os rumos que a jurisprudência do STF deveria tomar. É também uma clara — e, vale dizer, legítima — *sinalização* de Bolsonaro para uma parcela do eleitorado que o apoia e se considera sub-representada no tribunal. Não é necessário concordar com o diagnóstico de que o STF "precisa" de um ministro evangélico para reconhecer aqui uma sinalização análoga aos exemplos de FHC e Lula mencionados acima. Um presidente eleito com o voto de um grupo social que espera dele um reconhecimento público ampliado, pode promover esse reconhecimento por meio de uma indicação ao Supremo — que, no caso, se concretizou com a aprovação de Mendonça, que é pastor presbiteriano.

Deturpações e patologias:
o que não se espera das indicações

As três finalidades que discuti acima — influência sobre decisões futuras, apoio político e sinalização — não são, em si, incompatíveis com uma leitura republicana do sistema. Existem, porém, usos políticos das indicações que são patológicos. O principal critério para definir o que é, ou não, patológico foi discutido no Capítulo 1: o Supremo é uma instituição configurada como um tribunal independente da política. Essa independência, ainda que nunca seja absoluta por causa do mecanismo de indicação, se expressa em dois sentidos mínimos.

No primeiro, o tribunal precisa (I) ser capaz de assumir posições contrárias tanto às dos políticos do passado quanto aos de hoje. Por mais que os indicados tenham assumido o cargo de ministro por terem chamado a atenção do presidente e por se encaixarem em sua agenda, uma vez no tribunal, precisam decidir sem medo de contrariar quem os colocou lá. No segundo sentido, o tribunal precisa (II) ser reconhecido como uma instituição que atua segundo uma lógica diferente da dos políticos. O Supremo deve decidir as mais políticas das disputas de acordo com uma lógica própria — a das regras e controvérsias jurídicas, e não em função de simpatias partidárias, ideológicas ou pessoais, ou de aspirações individuais de poder, ainda que às vezes seja difícil definir onde começa o Direito e onde termina a política.

São aspirações embutidas no próprio desenho do sistema. Não podemos ignorá-las. Sem elas, como justificar que onze bacharéis em Direito, sem terem recebido votos e sem dependerem de eleitores para ficar no cargo, tenham o poder de decidir de forma contrária ao que deseja a população e os políticos que os indicaram? E para que precisaríamos de pessoas com "notável saber jurídico" se a questão é apenas pedir uma opinião puramente política sobre uma disputa também política? Nesse caso, por que obedecer à opinião desses onze togados — e não consultar o eleitorado em geral, por exemplo? Você pode achar que nenhuma das exigências constitucionais (notável saber e reputação ilibada) é de fato atendida, ou que (I) e (II) não se verificam na prática. Contudo, sem a aspiração de um STF no qual o Direito tenha peso fundamental e no qual as preferências dos políticos não sejam decisivas, como justificar o poder de tal instituição?

A aplicação desses critérios abstratos certamente será controversa em muitos casos. No entanto, eles permitem identificar cenários de evidente politização patológica, ultrapassando o espaço legítimo da política no desenho da instituição. Isso ocorre não apenas quando há política demais, mas sobretudo quando está em jogo a política do tipo errado: por exemplo, quando são feitas indicações de novos ministros com a intenção de diminuir a altivez e a independência da instituição diante dos outros poderes, em vez de elevá-la no cenário e na política nacionais.

Considere o caso da Suprema Corte da Argentina nos anos 1990. O país tem um sistema de indicação similar ao nosso, com o presidente indicando e o Senado aprovando. Contudo, na conturbada história política do nosso vizinho, a Suprema Corte foi praticamente refeita a cada mudança ou ruptura de regime. Após a eleição de Raúl Alfonsín, primeiro presidente eleito livremente após a ditadura militar, em 1983, os ministros da Suprema Corte apresentaram uma carta de renúncia. Eram indissociáveis do regime militar que havia derrubado a presidente Isabel Perón anos antes. Entrou em cena então uma nova "Corte Alfonsín", cujos cinco membros foram indicados pelo novo presidente. A expectativa seria a de que, dali em diante, respeitando-se as garantias dos juízes no cargo, ficariam para trás os problemas de independência do tribunal.

Alguns anos depois, porém, Carlos Menem, o próximo presidente eleito (1989-1999), interpretou esse processo não como um rompimento com a lógica anterior, mas como demonstração de continuidade nas regras brutas do jogo. Tão logo chegou à Presidência, tentou por variadas maneiras construir uma corte — ou ao menos uma maioria na corte — à sua imagem e semelhança. Enviou ao Congresso um projeto de lei que ampliou o tamanho do tribunal de cinco para nove ministros, o que lhe deu a chance de fazer quatro indicações de imediato. Esses quatro novos ministros — todos com relações pessoais com o presidente ou com a família dele — foram aprovados pelo Senado, controlado pelo partido de Menem, a toque de caixa, em sessão única e secreta, poucos dias após a aprovação da lei. Um dos novos ministros, um advogado com foco na área empresarial, tinha o posto de vice-presidente da Associação Argentina de Tênis como destaque no currículo, enquanto outro havia sido sócio de Menem em um escritório de advocacia na província de La Rioja. Em defesa de sua proposta de expansão/aparelhamento do tribunal e dessas indicações claramente pessoais, Menem disse: "Por que eu seria o único presidente da Argentina nos últimos 55 anos a não poder indicar a minha própria Suprema Corte?"

Com essa leva de juízes de qualificação duvidosa, cuja indicação só pode ser explicada em termos de lealdade pessoal ao presidente, a Suprema Corte de Menem foi caso extremo de falta de independência. Com garantias formais para o exercício do cargo, esses juízes poderiam, em tese, ter decidido contra o presidente — mas, na prática, a chamada "maioria automática" chancelava tudo que Menem fazia. Nunca chegamos perto desse caso extremo no Brasil pós-1988. Em comparação, o STF tem sido, no geral, mais altivo com relação a governos da vez. O caso da Argentina, porém, nos leva a entender melhor alguns problemas que começam a se colocar no caminho.

Por mais que um presidente tenha finalidades políticas ao fazer uma indicação (o que é inevitável), esse é um poder de influência parcial, não de controle absoluto. Não pode ser usado para construir um tribunal "seu". Nenhum ministro digno do cargo pode ser uma extensão deste ou daquele presidente ou ator político. A trajetória do indicado pode nos ajudar a identificar ministros que não vão se comportar com a necessária altivez. Quanto mais qualificados os nomeados, menos poderemos dizer que foram escolhidos apenas pela proximidade com o presidente. Quanto mais consistente a trajetória pessoal e profissional, mais independência podemos esperar deles, não só diante de quem os nomeou, mas também diante da política brasileira em geral.

Como as indicações para o STF brasileiro têm se comportado neste aspecto? Considere o caso de Sobral Pinto — advogado histórico de presos políticos na Era Vargas, que também defendeu, em 1955, a legalidade da candidatura de Juscelino Kubitschek e a de João Goulart à Presidência. Vitorioso na eleição, JK o convidou para assumir uma vaga no Supremo. Sobral recusou. Teria alegado que, por ter defendido o candidato JK, não poderia aceitar o convite do presidente JK, sob pena de parecer que havia adotado a postura legalista não por convicção, mas por esperar algo em troca.[22] Sobral Pinto é um ideal inatingível: sua reputação profissional amplamente consolidada fez a indicação possível, mas era tão preocupado com independência que achou melhor não aceitar o cargo. Inúmeros depoimentos de ministros e ex-ministros sinalizam que, hoje, é impossível ser eleito sem fazer "campanha" para o cargo. Pessoas buscam uma vaga no STF e lutam por anos para se credenciar para isso; é difícil imaginar a indicação de alguém que não tenha se posicionado para viabilizar o convite. Hoje, só está no páreo quem *quer* a vaga e se movimentou minimamente para isso.

Entre os extremos de Sobral Pinto e dos indicados de Menem é possível pensar em um "Teste Sobral" como um piso mínimo que toda indicação deveria cumprir para evitar o "Risco Menem". O "Teste Sobral" tem dois componentes. Primeiro, qualificação e reputação profissional: O indicado tem uma trajetória prévia, em quaisquer dos campos de atuação do Direito, que já o colocaria entre os notáveis da profissão jurídica de seu tempo? Uma trajetória que, por si só, já seria admirável e relevante mesmo sem a indicação para o STF? Se deixássemos de lado o conteúdo específico de suas ideias e visões, seria possível ver outro presidente justificando essa mesma indicação apenas com base na trajetória profissional do seu favorito?

O segundo componente, podemos chamar de "altivez". Não podemos ser ingênuos nem esperar o impossível: hoje, todo indicado ao STF terá algum tipo de relação pessoal ou profissional com o presidente, ou com alguém de seu círculo. No mínimo, alguém em quem o presidente confia colocou seu prestígio em jogo para apoiar um nome. Seria irrealista exigir que brotem em Brasília completamente intocados por Brasília. Entretanto, mesmo nesse cenário, é fundamental questionar a natureza da relação e como essa confiança entre presidente e nomeado foi construída. Quem se mostra submisso a um presidente (ou a alguém de sua confiança) para conseguir a vaga, dificilmente terá a altivez necessária para contrariá-lo sempre que isso for necessário. Ministros devem deliberar de acordo com os autos e suas convicções — não da forma que seus chefes de outrora (ou os poderosos da vez) gostariam.

Se esses dois componentes forem atendidos, as finalidades políticas descritas na seção anterior são legítimas. Se a pessoa passa no "Teste Sobral", sua indicação pode ser parte de uma negociação no âmbito da coalizão presidencial, pode ser parte de um esforço de sinalização de engajamento presidencial com determinadas agendas e pode expressar uma tentativa presidencial de indicar alguém que tenha valores e ideias similares aos seus. Nada disso será problema se o(a) candidato(a) tiver trajetória e reputação sólidas e uma atuação profissional na qual o respeito ao Direito tenha sido componente central.

Construir o tribunal que queremos, com indicações nos termos acima, é um trabalho de muitas frentes. A postura presidencial conta muito, mas não é a única variável. Quando afirma que "tem 10% de si" no STF, e que só indicaria para ministro alguém com quem tomaria "tubaína", Jair Bolsonaro está se colocando contra a visão que descrevi acima. Difícil imaginar Sobral Pinto, ou alguém tão independente e qualificado, sentindo-se à vontade para ocupar uma vaga assim descrita. Essas frases degradam os ministros que Bolsonaro indicou e, em última instância, o próprio tribunal. No entanto, é preciso reconhecer que o ex-presidente não fez isso no vácuo. Como discutirei em outros capítulos, ministros do Supremo têm dado, nos últimos anos, farto material para questionamentos de sua imparcialidade, e presidentes anteriores já vinham tangenciando o limite inferior do "Teste Sobral", com indicações que só se justificariam em termos da relação pessoal com o chefe do Executivo. Agora, os indicados de Bolsonaro, André Mendonça e Nunes Marques, têm a responsabilidade de tornar, ou não, essa profecia presidencial verdadeira. Afinal, como observamos acima, a independência formal cria uma permanente possibilidade de frustração de expectativas presidenciais e compromissos políticos mais amplos.

O tribunal atual e os ministros que temos

Como o Supremo de hoje se compara a composições anteriores, quanto à qualidade e altivez trazidas pela trajetória de seus ministros? Não podemos, aqui, idealizar o passado nem ignorar as virtudes profissionais da composição atual. Desde 1988, é difícil imaginar uma composição do STF que conte com tantos juristas que eram referências em suas áreas de atuação, em escala nacional, *antes* de sua indicação. Considere, por exemplo, os casos dos ministros Cármen Lúcia, Luís Roberto Barroso, Gilmar Mendes, Alexandre de Moraes, Luiz Fux e Edson Fachin. Nos momentos de suas indicações, todos já eram autores relevantes em suas áreas primárias de produção acadêmica (direito constitucional, no caso dos quatro primeiros, direito processual civil no caso de Fux e direito civil no caso de Fachin). Além disso, seis dos ministros atuais são professores universitários (e já eram, antes da indicação) em faculdades de direito de prestígio, em diversas unidades da Federação. Não tenho conhecimento de outra composição do STF — certamente não após 1988 — em que as afirmações acima seriam aplicáveis.

Minha intenção aqui não é fetichizar títulos acadêmicos, carreira docente e produção de livros e artigos. Como professor universitário, estou atento aos perigos do meu viés profissional. Alguns dos mais influentes ministros do STF nas últimas décadas, como Sepúlveda Pertence e Celso de Mello, não fizeram doutorado, publicaram pouco e não tiveram dedicação sistemática à carreira docente. A tarefa do tribunal envolve aplicar conhecimento, não produzir conhecimento. É preciso ter visão sólida de como o Direito funciona e experiência para aplicá-lo com prudência e responsabilidade, mas não é preciso ser um especialista, muito menos um professor ou pesquisador, nos temas que chegam ao tribunal.

Considere o caso de Rosa Weber, que fez carreira na magistratura trabalhista, sendo indicada ao Supremo por Dilma Rousseff em 2011, quando integrava o Tribunal Superior do Trabalho. Na sabatina, senadores apontaram que essa trajetória poderia ser restrita demais e questionaram seu conhecimento de outras áreas do Direito. Weber observou que aprenderia dali em diante o que mais fosse necessário para exercer bem a função, observando que "dada a complexidade e o número de matérias" que o Supremo julga, seria muito difícil para qualquer ministro(a) "abarcar todos os temas".[23] Em editorial após a sabatina, o jornal *O Estado de S. Paulo* elogiou a franqueza de Weber, mas afirmou que o Supremo "exige em seu plenário magistrados com sólidos conhecimentos e comprovada experiência em temas de alta complexidade (...) pois cabe ao STF julgar ações diretas de inconstitucionalidade, ações penais contra o presidente da República e concessão de habeas corpus".[24] O ponto do editorialista, porém, deveria levar à conclusão oposta, já apontada por Weber: justamente porque a competência do STF é tão vasta, é impossível exigir que indicados(as) ao cargo já sejam versados(as) em todas essas potenciais áreas. Aliás, não há hoje no tribunal ministros cuja área primária de especialização seja o direito penal — tema que abrange muitos dos processos no Supremo, e sem dúvida alguns dos seus casos mais explosivos. Deveríamos dizer, então, que os ministros não estão tecnicamente qualificados para decidir esses processos?

Em vez de abrangência de conhecimentos, devemos procurar sinais de domínio de como o Direito (em qualquer área) funciona no contexto da operação do sistema de justiça. No caso, a indicada tinha longa, respeitável e destacada carreira em um ramo do Direito ligado a direitos centrais na Constituição, com experiência em julgamentos de alta complexidade dentro de sua área de atuação. Não é surpresa que tenha mostrado discernimento e senso de responsabilidade em decisões que envolveram a separação de poderes e outros delicados temas do direito constitucional, bem como em questões penais. Weber, tão criticada em sua sabatina pela trajetória no direito do trabalho, tem sido uma das grandes ministras do Supremo de sua geração.

A idade pode ser um fator importante na avaliação dos fatores acima. Ainda que a Constituição coloque 35 anos como idade mínima, ministros(as) muito jovens deveriam ser automaticamente suspeitos. A experiência faz diferença no campo do Direito, com dilemas e impasses que só se revelam com o tempo. Analisando a trajetória dos 35 ministros que passaram pelo tribunal entre 1988 e 2021, os cientistas políticos Rogério Arantes e Rodrigo Martins determinaram que o tempo médio de atividade profissional anterior à indicação foi de 28,1 anos. Eros Grau (2004) e Paulo Brossard (1989) foram indicados 41 anos após o primeiro emprego.[25] Esses dados são positivos. É difícil imaginar que alguém aos 35 anos, com pouco mais de uma década de carreira, tenha "notável saber jurídico". Aumentar a idade mínima — por exemplo, de 35 para 45 ou mesmo 50 anos — seria maneira simples de minimizar indicações com escassas evidências de "notável saber jurídico".

Não é necessário que esses juízes sejam academicamente reconhecidos como especialistas nesta ou naquela área de atuação. O STF não é, nem deveria ser, um seminário acadêmico ou uma competição de notáveis saberes jurídicos. A função do tribunal não é criar teses jurídicas arrojadas, transmitir conhecimento, ou inovar intelectualmente no campo do Direito, e sim resolver problemas já existentes com base nas regras já existentes. Toda criação ou novidade jurídica precisará de justificação, e mesmo que ocorra será acidental e não um objetivo em si. A tarefa de julgar no STF não exige que os juízes impressionem intelectualmente ou produzam votos que entrarão para a história; essas coisas podem até acontecer, mas não são necessárias, nem suficientes, para o que se espera do Supremo. O papel do tribunal é decidir conflitos que envolvam a interpretação e a aplicação da Constituição, bem como o destino das autoridades concretamente sujeitas à sua jurisdição. Nessa tarefa, é preciso fornecer justificativas e avaliar argumentos que exigirão, sim, conhecimento jurídico. No entanto, seria um erro avaliar um ministro com os mesmos critérios que avaliamos o jurista.

Mesmo assim, trabalhos publicados e reconhecidos como relevantes e uma atuação docente e acadêmica são parte dos critérios tipicamente usados para elogiar (ou criticar) a trajetória de profissionais do Direito que aspiram à posição de ministro do STF. Embora não sejam suficientes, nem necessários, serão, quando presentes, ressaltados nas sabatinas de qualquer indicado no Senado. São indicadores que merecem ser levados em conta. E, nessa perspectiva, é difícil ver como composições anteriores do STF possam ter sido melhores do ponto de vista da qualificação. Temos um tribunal com extensa presença dos marcadores acadêmicos associados ao que se considera a elite da profissão jurídica no Brasil. Não precisamos de acadêmicos no tribunal (e, vale dizer, ter um mestrado ou doutorado em Direito e ter de fato uma trajetória acadêmica na área são coisas diferentes). Entretanto, quando a comunidade do Direito fala de "grandes juristas", o currículo que vem à cabeça exibirá o tipo de atuação acadêmica que vemos hoje disseminada no STF.

A composição atual também expressa tendências que há muito se fazem presentes na trajetória prévia de quem chega ao tribunal. Primeiro, é raro haver ministro que tenha exercido a advocacia privada, sem que também tenha atuado em alguma carreira pública no campo do Direito. Desde 1988, a maior parte dos indicados tem sido juiz, membro do Ministério Público ou advogado público. Na composição atual, *todos* foram alguma (ou várias) dessas coisas (Cristiano Zanin, indicado quando eu concluía este livro, será exceção). O último ministro a ter sido primariamente advogado militante, sem ocupar cargo público no sistema de justiça (embora fosse professor na Universidade de São Paulo), foi Eros Roberto Grau, aposentado em 2010. Meu colega Thomaz Pereira, professor de direito constitucional da Fundação Getulio Vargas (FGV), certa vez chamou atenção para uma importante implicação desse fato: praticamente todos os ministros já haviam sido, em algum momento, funcionários públicos — mesmo alguém como Eros Grau, no limite, tinha vínculo de servidor público na USP. Vivenciaram as regras do serviço público de dentro, na posição de quem esteve sujeito a elas no cálculo de licenças e adicionais, em pedidos de transferência e remoção, no impacto de diferentes reformas da administração pública sobre regimes de trabalho e de aposentadoria. Podemos aqui especular em que medida essa experiência profissional explica a pauta e as decisões do Supremo; estudos de Fabiana Luci de Oliveira apontam que, em termos quantitativos, o tribunal funciona como um verdadeiro "RH" da administração pública, discutindo grande quantidade de disputas entre o Estado e seus funcionários.[26]

Segundo, são raros os ministros que tenham sido políticos eleitos. De um lado, os indicados precisam cada vez mais de conexões políticas para conseguir a indicação em um cenário competitivo. De outro, apenas quatro indicados após 1988 — Paulo Brossard, Célio Borja, Maurício Corrêa e Nelson Jobim — exerceram mandato eletivo em alguma das unidades da Federação. Os dois últimos casos deixaram o tribunal ainda nos anos 2000 (Jobim, aposentado em 2006, e Corrêa, aposentado em 2004). Uma das marcas da composição atual é a pouca vivência com a lógica do funcionamento político-parlamentar. Isso é diferente, porém, de experiência no Poder Executivo de governos eleitos. Segundo o levantamento feito por Arantes e Martins, 24 dos 35 ministros pós-1988 passaram algum tempo em cargos de confiança de nomeação direta pelo Poder Executivo. É o caso, por exemplo, de Sepúlveda Pertence (que foi procurador-geral da República), dos ex-advogados-gerais da União Gilmar Mendes, Dias Toffoli e André Mendonça (que foi também ministro da Justiça), e do ex-ministro da Justiça e ex-secretário de Segurança Pública de São Paulo Alexandre de Moraes. Ainda que não tenham exercido mandato eletivo, são ministros que construíram trajetórias profissionais de intenso contato com o funcionamento do governo e da política de maneira mais geral.

Do ponto de vista da diversidade étnica e de gênero, como vimos, o tribunal atual deixa muito a desejar. Afirmei acima que a Constituição não exige que presidentes usem suas indicações para tornar o tribunal mais diverso. Também observei que o tribunal não é um órgão representativo, e não precisa ser um espelho perfeito da sociedade brasileira em termos demográficos — o que significa, aliás, que poderia ser composto por onze mulheres. Contudo, é inegável que, com o país e o tribunal que temos hoje, presidentes têm obrigação moral e política de considerar a diversidade como critério relevante ao fazerem uma indicação. O Supremo não precisa espelhar perfeitamente a composição da sociedade para ser legítimo, mas sua legitimidade fica, sim, prejudicada se for o oposto dessa sociedade, excluindo maiorias ou minorias politicamente vulneráveis.

Além disso, temos razões para crer que a interação entre esses juízes e juízas seja afetada por variáveis como gênero, para muito além do tema específico que esteja em discussão. Um estudo empírico recente constatou que ministras mulheres tendem a ser mais interrompidas nos debates no STF do que seus colegas homens.[27] Além disso, quando a relatora é mulher, há um aumento na probabilidade de que a decisão final não seja unânime. Isso pode indicar uma menor confiança, por parte dos colegas, no trabalho ou nos argumentos de ministras relatoras.[28] Tais resultados precisam ser lidos com cautela. Considerando que só houve três ministras até aqui, é difícil excluir completamente a possibilidade de que os efeitos acima digam respeito a essas três pessoas específicas e não ao fato de serem mulheres. A plausibilidade dessas conclusões, porém, é reforçada pela experiência diária de mulheres em um Judiciário ainda dominado por homens, bem como comentários machistas feitos por ministros diante das câmeras da TV Justiça. Essas dinâmicas de gênero, fundadas em preconceitos, estereótipos ou percepção de hierarquias informais de poder, já são ruins na sociedade em geral. Em uma instituição cujo papel inclui proteger a igualdade de tratamento de grupos sociais vulneráveis, tornam-se particularmente graves.

Mandatos

Colocando de lado por um momento a questão de *como* presidentes usam suas indicações para o Supremo, cabe perguntar: o sistema atual pode ser melhorado? Existe um elemento problemático do sistema brasileiro, independentemente da diversidade, das qualificações e da altivez dos indicados: o tempo que permanecem no cargo. Se indicados ainda jovens, podem ficar décadas na função. Até recentemente, o recorde de permanência depois de 1988 era de José Carlos

Moreira Alves. Indicado na ditadura militar, em 1975, e aposentado em 2003, o conservador Alves permaneceu quase 28 anos no tribunal. Na corte, foi uma liderança, com grande impacto — negativo ou positivo, dependendo da perspectiva — sobre a formação da jurisprudência e dos poderes da instituição nos primeiros quinze anos após a promulgação da nova Constituição. Esse recorde foi recentemente quebrado porque, com a chamada "PEC da Bengala" (2015), a idade da aposentadoria compulsória foi ampliada de 70 para 75 anos. Com isso, os ministros Celso de Mello e Marco Aurélio puderam ficar cerca de 31 anos no tribunal. Na composição atual, Dias Toffoli deve estabelecer o novo recorde. Toffoli foi indicado aos 41 anos de idade (Moreira Alves, aos 42; Celso de Mello e Marco Aurélio, aos 44). Com isso, se permanecer até a compulsória, Toffoli terá sido ministro pelo tempo hoje recorde de 33 anos.

Por que isso seria um problema? Não é desejável que pessoas desenvolvam experiência em um cargo tão importante? Para entender as desvantagens do nosso sistema, compare-o com a possibilidade de estabelecermos mandatos predeterminados e idênticos para todos os ministros. Esse é o sistema adotado na maior parte dos tribunais constitucionais do mundo — e por boas razões, como veremos a seguir.

No caso de juízes, o "mandato" não tem a conotação que o termo ganha quando falamos que o presidente, um deputado ou um senador estão "exercendo seu mandato" obtido por meio do voto. Aqui, trata-se simplesmente de um período fixo, dentro do qual o juiz permanece no cargo e depois do qual precisa se aposentar. O mandato é um "prazo de validade" da permanência do juiz. A descrição acima vale para qualquer ministro ou ministra que já esteja no tribunal. Todos precisam se aposentar ao completar 75 anos. Quando um juiz ou uma juíza entra no tribunal, já sabemos quanto tempo ficará naquela posição.

Qual a diferença, então, para o sistema que temos hoje e um sistema de mandatos? No caso de um sistema de mandatos, todos os juízes e juízas do STF ficariam no cargo exatamente pelo mesmo número de anos. Hoje, a distância entre a idade de entrada e os 75 anos da compulsória é a fórmula pela qual se define quanto tempo cada ministro fica no cargo. Com um sistema de mandatos fixos, não existe variação individual no tempo de permanência no tribunal nem na influência que ministros específicos, ou dos presidentes que os nomearam, acabam tendo ao longo do tempo. Considere, por exemplo, que Eros Grau ficou apenas sete anos no tribunal, enquanto Celso de Mello ficou 31 anos. Um sistema de mandato fixo forçaria a igualdade entre essas situações díspares, cuja existência tem implicações importantes.

O modelo atual, com diferentes presidentes fazendo indicações de durações distintas para o cargo de ministro, tem pelo menos três consequências. Primeiro, presidentes que indicam ministros mais jovens ampliam seu impacto no tribunal ao longo do tempo. Segundo, quanto mais jovem um ministro, mais tempo levará até que uma nova geração de políticos possa renovar a composição do tribunal. Terceiro, o sistema cria grande desigualdade entre presidentes e, consequentemente, entre os eleitores que os colocaram na posição de indicar ministros do STF. Fernando Henrique Cardoso indicou três ministros em oito anos no poder. Lula, no mesmo período, indicou oito juízes para o STF. Não existe, na minha avaliação, nenhuma razão que justifique essa assimetria, nenhum critério para considerá-la em si positiva. Um sistema que convertesse anos de mandato em vagas no STF segundo uma fórmula fixa — os presidentes que ganharem o mesmo número de eleições teriam o mesmo número de indicações — significaria tratar igualmente também os eleitores vitoriosos em cada eleição, que teriam a mesma chance de impactar, ainda que indiretamente, a jurisprudência do Supremo.

O mandato fixo teria outra implicação importante. Passa a mensagem de que nenhum ministro é mais relevante para a formação da jurisprudência do tribunal do que os colegas, apenas por ter ficado mais tempo atuando. Com mandato fixo, todos têm o mesmo tempo para moldar as decisões do tribunal. O sistema atual reforça o individualismo, que é uma das patologias do nosso Supremo, pois permite que alguns ministros exerçam muito mais poder e influência do que outros, do ponto de vista temporal. Se acreditarmos que vale a pena reconstruir o tribunal para que a instituição seja mais importante do que qualquer uma de suas partes individuais, a permanência de alguns ministros por décadas é um obstáculo.

Diversas propostas de emenda à Constituição que tramitam hoje no Congresso propõem mandatos fixos para o Supremo. Como já vimos neste capítulo, os temas mais frequentes em PECs que envolvem o tribunal nas últimas três décadas são a mudança na forma de indicação e a permanência no cargo. Em contraste, há menos propostas envolvendo os poderes do tribunal. Embora tensões entre o STF e os demais poderes possam alterar esse padrão nos próximos anos, é como se os políticos estivessem mais preocupados com *quem* são os ministros e *quem* os indica do que com o *que* podem fazer enquanto ministros.

O exemplo mais extremo dessa dinâmica ocorreu na eleição de 2022, antes da divulgação do resultado da votação. Políticos do campo bolsonarista (incluindo o próprio vice-presidente, Hamilton Mourão, então recém-eleito senador) vieram a público defender a ampliação do número de ministros do STF para quinze, com o próximo presidente fazendo quatro indicações para as vagas assim criadas. Após anos de crítica e ataques ao tribunal, concentram o discurso em indicar *mais ministros* (que, esperavam, seriam indicados pelo próprio Bolsonaro e seus aliados no Senado), e não em ajustar os poderes de que o Supremo dispõe, ou os procedimentos pelos quais os exerce. Claro desencontro entre um alegado diagnóstico geral ("é preciso controlar o poder do STF") e uma solução autointeressada ("vamos indicar uma maioria de ministros").

Na verdade, há uma explicação: esses políticos queriam o poder do tribunal intacto para uso próprio, controlando-o via indicações que garantiriam ao presidente da vez uma maioria. Criar e preencher novas vagas judiciais, aliás, foi uma das primeiras estratégias adotas pelo *Fidesz* de Viktor Orbán, logo após a vitória eleitoral de 2010, para neutralizar a resistência do Tribunal Constitucional da Hungria ao que viria ser um processo crescente de autocratização do regime.

Esse exemplo expressa um perigo que envolve qualquer reforma nos mecanismos de indicação e permanência no STF. Discutir qual o melhor sistema em tese é muito diferente de discutir qual a reforma apropriada em um dado momento político. Na prancheta, diferentes regras podem ser comparadas com relação aos seus efeitos, vantagens e desvantagens. No mundo real, porém, mudanças nas regras do jogo incidem sobre uma conjuntura política já existente, potencialmente criando poder excessivo para atores políticos da vez, que ocupam cargos de liderança naquele momento. Nenhuma proposta de reforma pode ser considerada com seriedade, quaisquer que sejam seus méritos em abstrato, sem que levemos em conta quem se beneficiará dela no contexto político concreto.

Para voltar ao exemplo da ampliação do número de ministros do STF, a princípio é pouco relevante definir se um Tribunal Constitucional deve ter onze ou quinze ministros. Tudo depende das regras sobre como essas pessoas são indicadas e de como tais regras serão aplicadas em uma determinada conjuntura. Aumentar o número de ministros do tribunal é quase sempre perigoso, porque o aumento, em geral, expressa o desejo de maior controle do Supremo por quem tem *hoje* o poder de indicar. Da mesma forma, reduzir o número de ministros é quase sempre suspeito porque acaba reduzindo o poder de quem *hoje* teria o poder de indicar.

Vale notar que é possível atingir o mesmo efeito (aumentar ou reduzir as oportunidades de nomeação e, portanto, a influência sobre a composição do tribunal) por meios indiretos — alterando a idade máxima para permanência no tribunal, por exemplo. Cabe lembrar aqui a já mencionada "PEC da Bengala", uma reforma constitucional aprovada em 2015 ampliando de 70 para 75 a idade de aposentadoria compulsória no Judiciário, com efeito imediato sobre o STF. Debater se a melhor regra, em tese, é 70 ou 75, é diferente de avaliar como essa alteração impacta a distribuição de poder entre o presidente e os senadores da vez. Mantendo no cargo os ministros Celso de Mello e Marco Aurélio, que se aproximavam dos 70 anos, ao aprovar a "PEC da Bengala", o Congresso teve a clara intenção de retirar de Dilma Rousseff a oportunidade de fazer duas indicações no seu segundo mandato. Mesmo que não tivesse sofrido impeachment, Rousseff não teria feito essas indicações, que acabaram ficando para o mandato de Bolsonaro.

Ao mencionar as complexidades inerentes a qualquer mudança nas regras vigentes, não quero dizer que é melhor desistir de pensar em reformas do modelo de indicação para o STF. Nosso sistema não é ruim, mas certamente pode ser aperfeiçoado. Trata-se de sermos realistas e cautelosos quanto aos efeitos dessas reformas, abrindo espaço para pensarmos em regras de transição que limitem a influência sobre o STF de quem está no poder hoje, ou estará nos próximos anos. No caso de uma proposta que considero boa em tese, como os mandatos fixos, a tarefa exige pensar em maneiras de implementar essa mudança sem dar poder excessivo para determinado presidente ou para a maioria parlamentar da vez. É sempre útil considerar que reformas podem ser aprovadas agora, mas só implementadas após um prazo de carência — para começar a valer, por exemplo, daqui a cinco, dez ou quinze anos, tornando mais difícil que alguém defenda a mudança agora pensando em ser beneficiado quando ela for implementada, ou que alguém a critique alguém a critique por estar sendo excessivamente prejudicado.

Quóruns e outras reformas

Outras mudanças em pauta no Congresso e no debate público envolvem o processo de indicação, em duas dimensões. A primeira altera o número e o tipo de instituições envolvidas no processo de escolha. Uma proposta exige, por exemplo, que o presidente ou o Senado só possam indicar nomes a partir de listas elaboradas por corporações ou instituições do sistema de justiça, como o Ministério Público, associações de juízes, a OAB ou até faculdades de Direito. Outras, alocam algumas vagas na corte para instituições diferentes — por exemplo, a Câmara indica parte dos ministros e o Senado outra, a partir de listas elaboradas externamente ao Congresso.

A segunda ideia recorrente envolve aumentar o quórum de votação para aprovar qualquer nome — por exemplo, aumentando de maioria absoluta, como é hoje, para dois terços do Senado. A Argentina implementou essa reforma em 1994. Um exemplo mais antigo, frequentemente citado, é o do Tribunal Constitucional alemão, que se divide em duas turmas de oito membros cada. Metade das dezesseis vagas é preenchida pela Câmara e metade pelo Senado, e ao menos três membros de cada uma das turmas devem ser escolhidos dentre integrantes de um dos outros tribunais superiores do país. A escolha da Câmara e do Senado, porém, está limitada por um quórum alto: somente pode ser aprovado um nome com dois terços dos votos. Como atingir esse número mínimo exigiria mais apoio de políticos com visões diferentes, isso tenderia a evitar que radicais fossem indicados e aumentaria a probabilidade de que as indicações fossem de pessoas altamente qualificadas. Caso contrário, seria mais difícil alcançar dois terços dos votos. Tende-se, assim, a produzir indicações mais moderadas e qualificadas.

O efeito dessas duas propostas de mudança (mais atores e instituições participando e um quórum mais alto para aprovar) é parecido. Ambas restringem o espaço de livre escolha de atores políticos. Quanto mais disperso o poder de indicar e mais elevado o quórum, maior o que os cientistas políticos Daniel Brinks e Abby Blass chamam de "independência *ex ante*": a capacidade de o tribunal formar visões sobre um tema que não sejam idênticas às visões ou aos interesses de algum ator político específico. Menor a chance, assim, de uma indicação excessivamente alinhada com um único ator político ou uma simples maioria governante.[29]

Nosso sistema já opera nessa perspectiva ao dividir o poder de indicação entre Senado e presidente. Tais propostas representariam um aprofundamento dessa lógica. Contudo, embora tenham vantagens, elas costumam ser defendidas a partir de uma premissa problemática: a de que é possível remover a política dos procedimentos de nomeação ao STF. Trata-se de uma ilusão que precisa ser abandonada. Disputas de poder, de interesses e de visões conflitantes sobre questões da vida em sociedade sempre estarão presentes — seja na interpretação da Constituição, seja na escolha de quem vai interpretá-la. Não é possível remover totalmente a política, nem mesmo com a inclusão de atores não eleitos no processo decisório.

Por exemplo, considere que já temos um sistema de indicação por meio de listas no Superior Tribunal de Justiça (STJ). O presidente faz sua indicação a partir de listas elaboradas alternadamente pelo Judiciário ou pelo Ministério Público. Contudo, é impossível achar que não haja "política" nessas indicações. O que ocorre é que além da política de Brasília (a política do presidente), traz-se para a mesa a política das corporações do sistema de justiça. Essa política existe e é muito organizada. Ninguém entra na lista sêxtupla para o STJ simplesmente por ter sido o "melhor" juiz de primeira instância ou desembargador, ou o "melhor" promotor, qualquer que seja a métrica utilizada para fazer essa afirmação. Chegam lá pessoas que construíram uma trajetória de liderança na carreira, que envolve fazer também a política interna da corporação. Desconheço estudos ou argumentos mostrando que esse sistema teria gerado indicações melhores, na média, do que as do STF. Curiosamente, porém, muitas das propostas de reforma do STF vão exatamente na direção do que existe no STJ, vinculando a política nacional do presidente às políticas locais das corporações do sistema de justiça.

Da mesma forma, aumentar o quórum de maioria absoluta para dois terços não muda a natureza dos cálculos e motivações em jogo. Por sua vez, espera-se que um quórum mais alto tenda a produzir nomeações mais consensuais.

Sem um nome com apoio em vários pontos do espectro político, é impossível atingir os dois terços necessários à confirmação. Vamos pensar, entretanto, como essa mudança incidiria no caso específico do Brasil. O que pode unir senadores de diferentes partidos? A promessa do sistema alemão é que deixariam de lado seus interesses específicos para conseguir apoio mais amplo. Contudo, na Alemanha, não existe o foro privilegiado com a extensão que temos aqui. No Brasil, todo presidente e todo senador sabe que, ao indicar um ministro para o STF, está indicando o seu potencial julgador em processos penais.

Em texto publicado em 2017, no contexto da Operação Lava Jato, Thomaz Pereira e eu observamos que é difícil não pensar no poder penal do Supremo como catalisador de um interesse comum a quase todos os senadores. Por força do mecanismo do foro privilegiado e da sua extensão a todos os parlamentares, senadores poderão ser julgados amanhã (a pessoa física, e não apenas as posições constitucionais que defendem) pelos ministros que indicam hoje. Senadores têm interesse em serem julgados por juízes que serão mais cautelosos na apreciação de ações penais contra atores políticos em geral. Esse interesse é forte o suficiente para atravessar barreiras político-partidárias.[30]

Se você acha que é demasiado cínico pensar assim, considere o caso de Augusto Aras, procurador-geral da República indicado por Jair Bolsonaro em 2019 e reconduzido pelo Senado com esmagadora maioria de votos em 2021. Aras passou anos sofrendo críticas, inclusive da oposição no Congresso, por sua passividade com relação a acusações graves feitas ao presidente Bolsonaro (especialmente no contexto da pandemia de Covid-19). No entanto, foi reconduzido pelo Senado por ampla margem e com dezenas de votos do próprio PT, o maior partido de oposição a Bolsonaro. Como procurador-geral da República, Aras criticou os excessos da Operação Lava Jato. Boa parte de suas sabatinas — especialmente a de sua recondução — foi dedicada a assegurar os senadores de que a Procuradoria-Geral da República (PGR) "respeitaria o trabalho dos políticos".[31]

Independentemente do que se pense sobre a Operação Lava Jato e sobre a posição de Aras, é difícil não ver aqui uma sinalização: a PGR não adotou uma postura incisiva com relação a possíveis delitos cometidos por políticos nos dois primeiros anos de Aras, e as coisas continuariam assim caso ele fosse reconduzido. O exemplo mostra que "mais votos" ou "quórum maior" no Congresso não é uma métrica que vá magicamente eliminar o "autointeresse" na indicação de ministros para o Supremo. Em um país politicamente dividido e com as dificuldades para se formar maiorias no Congresso, talvez a melhor estratégia para construir apoio suprapartidário seja apelar, não para valores republicanos compartilhados, mas para interesses concretos em comum da parte dos políticos.

Assim, as propostas de mudanças nas regras de indicação e atuação dos ministros do Supremo não necessariamente eliminam disputas políticas, negociações, cálculos e projetos de poder. A promessa da democracia não é de remover o conflito de valores ou interesses do governo, mas de sujeitá-lo a disputas competitivas, públicas, regradas e periódicas:

as eleições. Da mesma forma, a promessa do controle democrático sobre as indicações ao Supremo não pode eliminar a política. Em sua melhor versão, esse controle deveria canalizar a disputa política para os temas que importam, dentro de procedimentos públicos e com igualdade para as diferentes visões em jogo. Enquanto o Supremo for parada obrigatória para qualquer investigação ou processo penal contra parlamentares e ministros de Estado, é fundamental pensar em maneiras de aprimorar esse sistema na direção de uma política minimamente impessoal e republicana.

O (limitado?) papel do Senado

Em tese, nosso sistema obriga atores políticos e instituições distintas a chegarem a um consenso sobre quem pode ocupar uma vaga no STF. Dificulta-se a escolha de juristas exclusivamente comprometidos com certas visões ou interesses de um presidente, ou de uma maioria de senadores. Mas como o Senado se comporta ao exercitar seu poder de veto? As últimas ocasiões em que nomes enviados pelo presidente não foram aprovados pelo Senado ocorreram há mais de um século. O médico Barata Ribeiro fora deliberadamente indicado por Floriano Peixoto como agressão a uma instituição composta por bacharéis em Direito. Acabou rejeitado pelo Senado, mas desde então não tivemos episódios semelhantes para vagas no Supremo. Em contraste, nos EUA, houve uma indicação rejeitada nos anos 1980 (a de Robert Bork, professor de Direito, conservador, indicado por Ronald Reagan) e, mais recentemente, como vimos, um dos indicados por Barack Obama, Merrick Garland, encontrou tamanha resistência que o Senado jamais deliberou sobre seu nome. Sua sabatina nunca foi agendada, e, nesse contexto, nunca decidir é uma forma de dizer "não". Meses depois, quando Obama deixou a Presidência, a vaga ainda aberta foi preenchida por Donald Trump.

Se nosso critério for a frequência com que o poder de veto é utilizado, a conclusão é óbvia. A Comissão de Constituição e Justiça e o Senado brasileiro não têm exercido seu papel com o devido rigor. Todos os nomes enviados por presidentes foram aprovados; a inovação das sabatinas pós-1988 seria apenas uma formalidade, sem efeito substantivo no processo. Não é à toa que, dos anos 2000 para cá, criticar a passividade do Senado no exercício de seu poder de veto se tornou um hábito na comunidade jurídica brasileira.

Os termos dessa crítica, no entanto, precisam ser repensados. O "placar" — o número de indicações rejeitadas — não é a única maneira de avaliar quanto os senadores moldam e limitam as indicações do presidente. O poder de veto do Senado pode produzir efeitos mesmo sem jamais ser utilizado. Basta que a ameaça de utilização seja real para que um presidente procure antecipar a reação do Senado a cada um dos nomes que está considerando. O presidente vai se perguntar: Esse nome passa no Senado? Consigo construir o apoio necessário? Se sim, a que custo? Nesse sentido, aprovar uma indicação para o STF não é diferente do raciocínio feito pelo presidente para aprovar uma lei do seu interesse.

É nesse contexto que os fatores de "notável saber jurídico" e "reputação ilibada" podem fazer uma diferença *política*. É mais fácil para o Senado se opor (ou vender caro seu apoio) diante de um(a) candidato(a) de baixa qualificação, e é mais difícil fazer isso com um(a) candidato(a) altamente qualificado(a). Se o currículo for excepcional, se a reputação for intocável, se for uma pessoa de inegável destaque na profissão, o que o Senado poderia alegar para justificar uma eventual rejeição? O veto se exerce diante dos olhos do público: quanto mais o(a) indicado(a) for percebido(a) como experiente e qualificado(a), mais custoso ficará para os senadores utilizarem o poder de veto.

Outros fatores podem dificultar a aprovação pelo Senado. Por exemplo, a proximidade entre o(a) indicado(a) e o presidente que o(a) indicou. A indicação de pessoas próximas a um presidente pode ocorrer: Sepúlveda Pertence e Sarney, Dias Toffoli e Cristiano Zanin e Lula, Maurício Corrêa e Itamar Franco, Marco Aurélio de Mello e seu primo Fernando Collor de Mello, Gilmar Mendes e FHC, Alexandre de Moraes e Temer, André Mendonça e Bolsonaro, ainda que com diferenças relevantes entre esses casos. Isso, contudo, está longe de ser a regra desde 1988, sugerindo que presidentes não conseguem simplesmente indicar, a qualquer momento, pessoas muito próximas, pelo custo político que isso envolve para conquistar apoio no Senado. Um presidente talvez indique alguém próximo de si quando puder, mas não quando quiser.

Outros indicadores de um maior custo político para escolher este ou aquele nome podem ser a duração das sabatinas, o tempo transcorrido entre a indicação e a aprovação, o grau de conflito e a postura dos senadores. Em 1989, Paulo Brossard foi aprovado em uma sabatina com uma hora e meia de duração; no mesmo ano, Celso de Mello foi aprovado por unanimidade; a sabatina de Ilmar Galvão, em 1991, não contou com nenhuma pergunta por parte dos senadores.[32] Em contraste, as sabatinas de Edson Fachin (2015) e Alexandre de Moraes (2017) duraram cerca de doze horas; Gilmar Mendes e Francisco Rezek tiveram dezesseis e quinze votos contrários às respectivas indicações; na sabatina de Teori Zavascki, indicado por Dilma Rousseff, senadores contestaram a relação do indicado com o julgamento do "Mensalão", querendo saber se o ministro votaria no caso; e, fato inédito na história do país, mais de seis meses se passaram até que o senador Davi Alcolumbre, presidente da CCJ do Senado, sob intensa pressão de setores evangélicos, finalmente aceitasse marcar a sabatina do indicado André Mendonça. Embora ainda haja sabatinas relativamente tranquilas, como a de Luiz Fux, que durou apenas quatro horas, repleta de homenagens e falas laudatórias, e com votação unânime, os dias das indicações sem sobressaltos na sabatina ficaram para trás.

O problema principal, no fundo, não é o Senado vetar ou não o indicado. É possível rejeitar pelas razões e pelos procedimentos errados, tanto quanto é possível aprovar pelas razões e pelos procedimentos errados. A questão é *como* a aprovação ou o veto ocorrem. Em contrapartida ao poder de indicar e aprovar, presidente e Senado têm a tarefa republicana de se engajar em um debate público e transparente sobre essas decisões. A sabatina não tem por objetivo principal informar os senadores, e sim informar a sociedade sobre o candidato e o posicionamento dos senadores. Se conduzida de modo consequente e transparente, ela permite que eleitores entendam o sentido político e as implicações constitucionais da indicação do presidente e da reação dos senadores a essa indicação.

Há perguntas importantes que, embora possam ter respostas óbvias para senadores e *insiders* de Brasília, precisam ser feitas e discutidas em público. Quem apoiou o(a) indicado(a) em sua trajetória profissional e política até ali? Com quais atores políticos, organizações e instituições públicas se engajou ao longo da carreira e que poderiam motivar uma suspeição de parcialidade em determinados casos que ele(a) viria a julgar? Quem levou o nome ao presidente e se apresentou como fiador da candidatura? Encontrar essas respostas não pode ser um árduo trabalho de "arqueologia", na expressão de Felipe Recondo, inacessível ao público.[33] Essas perguntas devem ser feitas e respondidas ao vivo, perante o país, e não em negociações a portas fechadas. Para que a indicação para o mais importante tribunal do país não se resuma a um xadrez secreto entre lideranças políticas, a CCJ precisa levar a sério a sabatina. Rejeitando ou aprovando, deve usar esse processo para gerar informações públicas sobre quem é o(a) indicado(a), de onde vem, como chegou até ali e como se espera que se comporte uma vez no Supremo.

Para que a sabatina produza esses efeitos, a opinião pública precisa de tempo — para conhecer a vida pregressa de quem foi indicado, apurar e conectar pontos que o currículo do candidato não deixe explícitos. Idealmente, antes da sabatina, a CCJ deveria publicar o máximo de informação sobre o(a) candidato(a), preenchendo as lacunas deixadas pela mensagem presidencial de indicação. O papel inicial da Comissão precisa ser o de ajudar a organizar o debate público em torno do nome. A aprovação de uma nomeação para o Supremo nunca pode ser urgente; não se trata de medida provisória. É injustificável que, entre a indicação formal e a aprovação pelo plenário, o processo leve apenas uma ou duas semanas. O processo de nomeação tem profundas consequências para o direito constitucional e a vida do país ao longo de décadas, e não há motivo para que ocorra sem transparência e tempo suficientes para um vigoroso e informado debate público.

Muitas pessoas usam como parâmetro de uma sabatina "séria" o processo dos EUA. O caso da fracassada nomeação de Robert Bork pelo presidente Reagan se tornou tão célebre que gerou lá um controverso verbo: políticos do Partido Republicano (que apoiavam o rejeitado Bork) dizem que uma nomeação foi *borked* quando foi bloqueada por críticas injustas, incompatíveis com as qualificações e visões do indicado. Não faz muito tempo, o Senado dos EUA tomou para si o poder de simplesmente não decidir sobre uma indicação feita regularmente pelo presidente, esperando uma nova eleição presidencial. Para além desses resultados atípicos, há motivos para considerar a sabatina nos EUA um exemplo de rigor no processo de avaliação: perguntas difíceis sobre as posições e a vida pregressa do(a) candidato(a), discussão sobre cada detalhe das decisões judiciais, pareceres ou trabalhos acadêmicos do passado — abrangendo às vezes episódios ocorridos há décadas.

Contudo, o exemplo dos EUA deve ser visto com cautela. O aparente rigor e a tensão das sabatinas podem ser interpretados de maneiras diferentes. São performances altamente ritualizadas, em que tanto as perguntas dos senadores quanto as respostas dos indicados são construídas dentro de um *script* compartilhado. Ainda que possa haver sinceridade nas perguntas sobre o que o indicado pensa sobre temas que dividem a nação, ou sobre sua "filosofia judicial", é difícil imaginar que as respostas sejam sempre, de fato, sinceras. Considere, por exemplo, que, em sua sabatina em 2006, o juiz conservador Samuel Alito foi seguidamente questionado sobre sua posição quanto ao caso Roe *v.* Wade, que já mencionamos acima, e o direito à autonomia reprodutiva das mulheres. Alito respondeu afirmando seu compromisso com a ideia de *stare decisis*, de respeito a precedentes, segundo a qual anular ou modificar uma questão já decidida exige uma "justificativa especial". No entanto, em 2022, foi o próprio Alito quem escreveu o voto da maioria anulando de maneira direta e sem cerimônia o precedente estabelecido quarenta anos antes em Roe, e em torno do qual gerações sucessivas de mulheres nos EUA construíram suas vidas.

É fácil responder a qualquer pergunta sobre filosofia judicial de maneira incontroversa na sabatina. Basta que você o faça afirmando princípios gerais dos quais ninguém discorda, mas que não têm o condão de limitar seu comportamento na prática. Em sua sabatina em 2004, o atual presidente da Suprema Corte americana, John Roberts, respondeu a uma série de perguntas recorrendo à imagem de um árbitro de beisebol para explicar sua filosofia judicial. Disse que seu papel era apenas marcar faltas e *strikes*, reduzindo a importância de sua posição política na interpretação e aplicação da Constituição. Fez questão de ressaltar que nunca tinha discutido Roe *v.* Wade em sua vida profissional — o que é improvável, mas difícil de refutar, considerando que Roberts nunca assinara memorando, parecer, petição ou decisão sobre o tema. Essa talvez tenha sido a perversa lição do que aconteceu com Robert Bork, que tentou explicar com sinceridade suas controversas visões sobre alguns casos importantes da corte nas décadas anteriores, incluindo o fim da segregação nas escolas e o direito ao aborto. Ao ser transparente na sabatina e em tudo que fez antes como acadêmico, Bork tornou mais fácil o trabalho de senadores democratas em rejeitá-lo por conta da controversa substância das visões que professava.

Para quem quer ser aprovado é mais fácil seguir a coreografia das afirmações vagas, que se não convencem, também não dão munição aos críticos. Diga que a Constituição é a norma suprema, que o papel dos juízes não é legislar, mas apenas aplicar regras já criadas pelos outros poderes; que vai julgar imparcialmente e se declarar suspeito sempre que se sentir incapaz de distanciamento; que é preciso respeitar a separação de poderes e as competências do Legislativo e do Executivo; que decisões anteriores do tribunal devem ser respeitadas, exceto se houver razões muito excepcionais. Ouvimos essas afirmações nas sabatinas nos EUA e as ouvimos também no Brasil. Elas pouco agregam ao debate público.

Quais são, enfim, as perguntas úteis e necessárias para uma sabatina? Quanto às posições substantivas dos(as) indicados(as), é sempre útil voltar ao que já escreveram como advogados, juízes, promotores ou professores. Mesmo que tergiversem e evitem se comprometer com o que já escreveram, é importante que as posições expressas no passado sejam mapeadas e debatidas pelos senadores, hoje. Há também perguntas para as quais não devemos tolerar respostas vagas — quem o(a) apresentou ao presidente, quem apoiou seu nome entre tantos outros, com quem se encontrou no percurso até a indicação. Aqui, senadores não deveriam se satisfazer com respostas genéricas, como a de Nunes Marques quando sabatinado. Indagado sobre a relação com Frederick Wassef, um dos advogados da família Bolsonaro, Marques desconversou. Disse não saber quem teria conversado com o presidente sobre seu nome. Devemos cobrar dos senadores seriedade ao perguntarem sobre temas vitais até que surjam respostas claras. E, caso se mostrem falsas ou enganosas, que essas respostas pesem na decisão.

Indicações "técnicas"?

Podemos agora ver as limitações de uma maneira recorrente de discutir os perfis de ministros indicados ao Supremo: a distinção entre ministros "técnicos" e "políticos". Sempre que algum nome é mencionado para preencher uma vaga no STF, é comum ver analistas e jornalistas classificarem a indicação nesses termos. Embora seu significado exato nunca seja de fato explicado, por trás da dicotomia há um claro juízo moral: "político" é ruim e "técnico" é bom. Essa não é uma maneira útil de colocar o problema. Como discutimos, ninguém chega ao STF sem *apoios políticos* deliberadamente construídos ao longo do tempo; é inevitável que a indicação tenha *finalidades políticas* e ocorra dentro de *dinâmicas políticas*; e ninguém se torna uma liderança nas profissões jurídicas pela pontuação em uma prova. Depende de quem conhece, confia e convive com você.

No caso de ministros que tiveram *trajetória* político-eleitoral tampouco parece haver problemas. Grandes ministros do STF foram parlamentares (como Paulo Brossard) ou ocuparam cargos de confiança no Executivo (como Sepúlveda Pertence ou Evandro Lins e Silva). No caso de indicados que já ocuparam cargos no Executivo, se a crítica é a da excessiva dependência em relação ao presidente que fez a nomeação, o problema é da eventual relação pessoal entre os dois, não da experiência no Executivo em si. O único sentido em que "político" pode ser uma crítica relevante a indicados(as) ao STF é como contraste à postura que se espera de um juiz. A crítica, nesses casos, é à indicação de pessoas que, uma vez no Supremo, se *comportam como políticos*. Atuam no cenário político com lados previamente definidos, agindo como se fossem partes desses conflitos. Em vez de aguardarem que divergências apareçam às portas do tribunal, se colocam à disposição para resolver problemas de atores políticos. E, ao usarem seus poderes, se preocupam mais com o impacto de suas decisões para determinados atores políticos do que com os problemas de interpretação da Constituição e aplicação da jurisprudência do tribunal.

A crítica expressa um critério pertinente. É possível e desejável evitar que ministros atuem como um prolongamento automático das forças políticas que os indicaram ou com quem se alinham hoje. Não queremos que negociem com políticos para obter vantagens para si. Tampouco que tomem parte de conflitos criados por atores políticos. A independência institucional do Supremo reduz os incentivos para que ministros do STF se vejam como uma espécie de "posto avançado" de políticos, ou se tornem empreendedores políticos de toga, exercendo poder em nome próprio na política nacional. Contudo, é uma garantia imperfeita. Protegidos pela independência, tudo depende de como as pessoas nomeadas escolherão se comportar dali em diante.

De qualquer forma, é útil pensar em mecanismos que reduzam a possibilidade de indicações de baixa qualidade, ou que se explicam apenas pela expectativa de que o nomeado resolverá os problemas de quem hoje o indica. Com isso, aumentamos o custo de indicar ministros pouco afeitos à altivez diante da política. Esses mecanismos são necessários, porém insuficientes. O cobertor da independência judicial é curto: precisamos dela para que juízes possam ser juízes, mas ela também cria espaço para que juízes sejam políticos se assim quiserem. Enquanto políticos se sentirem à vontade para indicar pessoas que vão atuar *como políticos* no Supremo, esse perigo permanecerá. A solução não é simples, nem virá com uma reforma pontual na forma de indicação. Ela exige que rejeitemos, como comunidade política, a ideia de que um ministro do STF pode ser um ator político como qualquer outro, inclusive agindo em nome próprio. Políticos não podem colocar no tribunal pessoas cujas trajetórias sugerem que vão agir dessa forma, e o processo de discussão pública dos nomes indicados precisa considerar esse critério.

3. O QUE FAZ O SUPREMO?

As palavras "cortes", "tribunais", "juízes" e "juízas" podem ter significados diferentes em países diferentes. O Parlamento inglês e o Congresso brasileiro são distintos entre si — na forma como seus integrantes conquistam uma cadeira, na organização e no funcionamento interno, nos poderes de que dispõem e em outras dimensões. No entanto, são dois tipos de instituição legislativa, com um núcleo de características e tarefas em comum. Da mesma forma, para além da imagem de "tribunais" decidindo imparcialmente conflitos entre partes externas à corte, com base em regras que outros criaram, a variação no mundo das instituições judiciais é enorme — maior, aliás, do que as diferenças que separam o Congresso brasileiro do Parlamento inglês.

A Suprema Corte dos EUA não pode receber uma ação, proposta diretamente por um partido político, com um pedido simples de declaração de inconstitucionalidade de uma lei aprovada pelo Congresso. A corte até tem o poder de declarar leis inconstitucionais, mas só pode fazê-lo ao decidir um processo judicial concreto, proposto por uma pessoa para resolver uma violação de seus direitos, e, com raríssimas exceções, tudo que chega na Suprema Corte americana já passou antes por várias instâncias do Judiciário. Na França, até 2008, não era possível chegar ao Conselho Constitucional (o órgão encarregado de declarar a inconstitucionalidade de leis) com um recurso alegando que uma decisão de outro tribunal francês teria violado a Constituição. No México, até 1994, o Judiciário não podia decidir sobre questões que envolvessem matéria eleitoral.

O Supremo brasileiro contrasta com todas essas instituições nos pontos mencionados acima. O "julgar" do STF também pode variar quanto aos procedimentos adotados, dependendo da origem e da natureza da questão em julgamento, em cada tipo de processo, com regras distintas que exigem tratamentos diferentes. Processos são a unidade básica por meio da qual o tribunal se relaciona com o mundo. A variação nas regras processuais inclui limites sobre o que os ministros podem ou não fazer. Todo juiz e todo tribunal devem decidir apenas as questões que estão sujeitas à sua competência, dentro dos procedimentos previstos. Qualquer coisa que um juiz faça fora disso pode ser "justiça" no sentido genérico do termo, mas não é "direito". "No Supremo, faz-se justiça quando se pode, não quando se quer", dizia o ex-ministro do Supremo José Carlos Moreira Alves.

A frase expressa a ideia de que competências e procedimentos delimitam os espaços para a ação do Supremo.

A Constituição e a legislação preveem dezenas de processos diferentes de competência do Supremo — cada um com suas regras e peculiaridades de procedimento. Para os nossos fins, vale destacar quatro grandes grupos de competências: (I) controle de constitucionalidade, (II) ações penais, (III) recursos, (IV) outras ações originárias. As perguntas que o STF precisa responder em cada um desses contextos são diferentes. Em (I), a pergunta-chave é "esta lei, este ato ou esta omissão do poder público é compatível com a Constituição?"; em (II), o tribunal precisa responder se um ou mais réus cometeram atos puníveis como crimes; em (III), trata-se tipicamente de saber se uma decisão judicial tomada por outro juiz ou tribunal aplicou corretamente ou não a Constituição para resolver um caso concreto; em (IV) a pergunta vai depender do tipo de processo, mas nunca será idêntica às dos processos de controle de constitucionalidade, porque sempre envolverá casos concretos. A combinação dessas diferentes portas de acesso para exercer variados tipos de poder, em muitos contextos e temas diferentes, é parte do arranjo que Oscar Vilhena Vieira chamou de "Supremocracia". É difícil imaginar que alguma questão relevante na política nacional não vá estar sujeita à autoridade do tribunal por algum desses mecanismos — seja vindo das instâncias judiciais inferiores, seja surgindo diretamente de uma disputa política fora do Judiciário.[34]

As tarefas (I), (II) e (IV) envolvem competências *originárias*; o processo se inicia diretamente no STF, sem que outro juiz ou tribunal tenha já se pronunciado sobre aquela controvérsia. Em contraste, falamos de competências *recursais* (grupo [III]) quando o STF decide se uma decisão tomada em outra instância está correta ou não. As competências recursais do STF são as mais antigas e tradicionais. Quando o Supremo Tribunal Federal foi criado, em 1890, por um decreto do governo provisório que proclamou a República, o núcleo dessas competências já existia. Por décadas, foi uma das principais maneiras pelas quais o Supremo exerceu seu poder (a outra eram os habeas corpus, dos quais falaremos abaixo, que se encaixam em [IV]). Desde 1988, recursos contra decisões de instâncias inferiores são de longe a maior parcela dos processos que chegam ao STF. "Recursos extraordinários" (em que alguém pede ao Supremo que reveja e corrija uma decisão final) e "agravos de instrumento" (em que alguém pede ao Supremo que reveja e corrija decisões não finais, como as de tribunais de justiça estadual ou federal impedindo que recursos "subam" ao STF), representam cerca de 90% de todas as decisões do tribunal desde 1988.

Esse percentual apresenta tendência de queda na última década, em especial devido a uma série de reformas que restringiram o acesso de determinados tipos de processo ao tribunal. Contudo, mesmo hoje, Recursos e Agravos de variados tipos ainda representam bem mais da metade do que o tribunal recebe e julga. Embora sejam decisões sobre casos individuais, podem ter um impacto sobre um grande volume de casos semelhantes que estejam tramitando no próprio Supremo, ou, sobretudo, no restante do Judiciário. As teses jurídicas que o tribunal afirmar para resolver um desses recursos, mesmo que formalmente a corte esteja decidindo apenas *aquele caso*, terão um impacto em processos semelhantes. Tal dinâmica se tornou mais consolidada com a implementação da chamada "Repercussão Geral", mecanismo criado na Reforma do Judiciário de 2005, pelo qual o STF decide um único caso "paradigmático" para que essa solução passe a ser aplicada em dezenas, centenas e, às vezes, milhares de processos sobre controvérsias semelhantes que aguardam nas instâncias inferiores.

Uma competência originária tradicional do STF são os habeas corpus (ou "HC", como são comumente referidos na imprensa e em redes sociais). A garantia do habeas corpus e o seu julgamento pelo STF em determinadas hipóteses foi prevista no Decreto n. 848, de 1890, que organizou a Justiça Federal, antes mesmo da promulgação da Constituição de 1891. O habeas corpus é um procedimento abreviado para impedir ou fazer cessar violações à liberdade de locomoção, tipicamente quando alguém se encontra preso de maneira ilegal, ou sob ameaça ilegal de prisão. A pergunta central que o tribunal precisa responder é precisa: A liberdade de um determinado indivíduo está sendo ilegalmente violada ou ameaçada?

O Supremo é bastante restritivo nos critérios que aplica para saber quando pode ou não julgar um HC. Pessoas que se sentem ilegalmente ameaçadas por uma autoridade pública em sua liberdade de ir e vir podem — e devem — recorrer ao Judiciário, mas isso não quer dizer que deva ser o Supremo e não um dos outros milhares de juízes e dezenas de tribunais do país a decidir o caso. Por mais grave que seja uma possível prisão ilegal, se o STF não respeitar a competência dos outros tribunais, não terá tempo de fazer mais nada além de decidir sobre a legalidade de prisões em todo o país. De maneira geral, esse é o dilema do STF com relação às suas competências mais volumosas em termos de número de processos — recursos e habeas corpus. Corrigir aplicações equivocadas da lei e evitar injustas restrições à liberdade é importante, mas o Supremo não pode dedicar todo seu tempo a essas tarefas. Especialmente porque, nas últimas décadas, consolidaram-se diferentes competências que colocam o tribunal diante de outras tarefas de indiscutível importância.

Como observamos no Capítulo 1, o Supremo tem a importante função de controle de constitucionalidade, isto é, decidir se legisladores obedeceram às regras constitucionais referentes a *como* se faz uma lei (por exemplo, quantos votos são necessários para aprová-la e como diferentes instituições participam desse processo) e ao *que* essa lei pode conter (por exemplo, a Constituição garante que ninguém será submetido a tortura — isso implica que o Congresso não poderia criar uma lei que admita a tortura em determinadas situações).

Muitos acreditam que dar a tribunais o poder de declarar leis inconstitucionais é incompatível com a própria ideia de democracia. Em determinados contextos, a existência desse poder certamente não é condição necessária para um regime democrático. Existem democracias plenas e com amplo respeito a direitos fundamentais, como a Holanda, nas quais não há controle judicial de constitucionalidade. Até os anos 1990, tampouco existia coisa parecida no Reino Unido. A

Austrália e a Nova Zelândia ainda funcionam como sistemas de soberania parlamentar, em que inexiste autoridade com o poder de anular uma lei aprovada pelo Parlamento. Embora essas exceções sejam relevantes, em 2011 cerca de 83% das constituições em vigor no mundo previam algum tipo de controle judicial de constitucionalidade (em 1951, eram apenas 38%).[35] Vivemos em um mundo no qual políticos eleitos precisam conviver com instituições não eleitas com o poder de anular suas decisões. Mas, assim como no caso da independência judicial, a questão mais importante não é tanto *se* deve haver controle, mas *como* ele deve ser configurado de modo a não se tornar, em si, um problema para a democracia. Isso é especialmente verdade se lembrarmos que a tarefa de interpretar a Constituição envolverá juízos políticos e morais difíceis de distinguir de perguntas mais tipicamente jurídicas; as divergências, aqui, não serão exclusivamente "técnicas".

O STF exerce esse poder, de uma forma ou de outra, desde a Primeira República. Contudo, ao longo do século XX, questões de constitucionalidade eram basicamente levadas ao tribunal na discussão de recursos de processos em andamento ou em habeas corpus em que não se discutia especificamente (mas apenas incidentalmente) se determinadas regras criadas pelo legislador violavam a Constituição. Era um sistema parecido com o dos EUA, em que o tribunal discutia como outros tribunais responderam a uma questão de constitucionalidade ao resolver casos concretos. A Constituição de 1988, porém, permitiu a uma ampla lista de atores políticos e sociais (incluindo o presidente da República, partidos políticos, confederações e entidades de classe de âmbito nacional, a Ordem dos Advogados do Brasil, além de todos os governos e assembleias estaduais) perguntar *diretamente* ao Supremo, sem um processo que tramite por instâncias inferiores: "Essa lei é inconstitucional?" Esses procedimentos — o mais famoso é a chamada Ação Direta de Inconstitucionalidade, ou "ADI" — se tornaram parte corriqueira da política nacional. Aqui, o tribunal responde *em tese* — isto é, sem referência a nenhum caso específico — se alguma lei ou ato do poder público é compatível com a Constituição.

Além das funções recursais e de controle de constitucionalidade, como já exposto, o Supremo tem competência originária para julgar uma série de autoridades públicas. É o chamado "foro por prerrogativa de função", ou "foro privilegiado". No Capítulo 2, discutimos como a extensão e a concentração do foro privilegiado no STF é uma formulação única, sem paralelo em outras democracias consolidadas. As ações penais contra autoridades colocam um grande poder nas mãos do tribunal, mas também criam problemas e desafios. Testam a capacidade decisória da instituição, além de colocá-lo em constante suspeita de motivação política.

Segundo o relatório "O Supremo e o foro privilegiado", do projeto Supremo em Números, da FGV Direito Rio, de 2007 a 2016, quinhentas ações penais tramitaram no STF; entre 2002 e 2016, foram iniciados 1.997 inquéritos contra autoridades protegidas por foro privilegiado no tribunal (inquéritos são procedimentos de investigação que podem ou não resultar em ações penais, dependendo dos fatos apurados).[36] Segundo o jornal *O Estado de S. Paulo*, um em cada três parlamentares eleitos em 2018 eram réus ou investigados.[37] Pelas regras da época, se esses procedimentos já não estivessem no STF (no caso de parlamentares reeleitos), teriam de ser enviados ao tribunal após os recém-eleitos tomarem posse. O relatório "O Supremo e o foro privilegiado" estimou que apenas cerca de 10% dos inquéritos e ações sobre autoridades com foro no STF, de 2002 a 2016, tinham se iniciado no próprio tribunal. Os outros vinham justamente de instâncias inferiores e "subiam" ao Supremo após os investigados ou réus assumirem cargos abrangidos pelo foro privilegiado (situação que era comum antes da mudança de interpretação adotada pelo Supremo em 2018, que discutiremos adiante).

São casos com muitos andamentos e movimentação processual complexa. Envolvem produção de provas dentro das exigências do direito a ampla defesa e ao contraditório. Os próprios ministros do Supremo já observaram os problemas práticos que esse volume de inquéritos e ações penais coloca. Em entrevista à *Folha de S.Paulo* em 2012, por exemplo, o ministro Celso de Mello propôs "a supressão pura e simples de todas as hipóteses constitucionais de prerrogativa de foro em matéria criminal", com exceção, talvez, do caso dos presidentes dos outros dois poderes. Anos depois, em entrevista para *O Estado de S. Paulo,* voltou ao tema para dizer que essa extensão excessiva do foro "acaba provocando essa disfuncionalidade do sistema que culmina por acarretar o efeito perverso consistente na impunidade". No Capítulo 4, discutiremos como é formada a agenda do Supremo — como os ministros escolhem o que irão julgar. No caso de processos penais, porém, o tempo tem uma dimensão ainda mais decisiva do que em outras competências do STF, porque existem regras de "prescrição" — prazos após os quais o poder do Estado para punir alguém se extingue.

A prescrição é uma conquista civilizatória. Imagine um mundo em que agentes estatais podem levar anos ou décadas para decidir um processo penal, enquanto você espera sem saber o que acontecerá no seu caso. Isso é um problema mesmo que esteja convencido de sua inocência: você tem direito a uma resposta fundamentada do Estado que encerre seu caso, mas ela simplesmente não vem. A prescrição limita tal situação, colocando um prazo para o aparato estatal fazer seu trabalho. Por isso, prescrição faz parte do dia a dia do processo penal. No caso do Supremo, a questão é mais delicada. Primeiro, porque o tempo dos colegiados do tribunal é muito escasso, como também veremos no Capítulo 4. Mesmo se partirmos do princípio de que todos os ministros se engajarão em decidir todos os casos pendentes o mais rapidamente possível, e mesmo que se dê prioridade a processos penais, não há espaço suficiente na pauta dos colegiados.

Além disso, processos penais costumam demandar mais da instituição, pois exigem que o tribunal colha e compare depoimentos, analise provas documentais ou convoque peritos para elucidar questões que de fato podem ser bastante complexas. Tudo isso deve ser feito sem atropelos ao devido processo legal, à ampla defesa e ao contraditório. O Supremo adotou diversas medidas para lidar com um crescente volume de ações penais originárias na última década — por exemplo, a convocação de juízes de outras instâncias para auxiliar os ministros nessas tarefas. Essas mudanças, porém, não resolvem totalmente o problema. Não é preciso assumir que haja má-fé dos ministros para concluir que, em um tribunal já assoberbado de trabalho, a responsabilidade exclusiva de decidir processos penais contra centenas de autoridades protegidas pelo foro privilegiado pode alimentar injustificadamente o perigo da prescrição.

Reconhecendo os problemas gerados por esse volume de trabalho, o Supremo adotou em 2018 uma interpretação restritiva de sua competência penal originária. Segundo proposta do relator, ministro Barroso, só seriam julgadas pelo tribunal autoridades públicas com foro privilegiado se as condutas em jogo tivessem sido praticadas (I) durante o mandato e (II) em conexão com o exercício da função. Em 2017, o já mencionado relatório do projeto Supremo em Números havia estimado que cerca de 95% das ações penais tramitando no STF até 2016 não preencheriam simultaneamente esses dois requisitos. Em 2022, o próprio tribunal estimou que o número de inquéritos e ações penais tramitando havia diminuído 80% desde a adoção da interpretação restritiva do foro.[38] Essa mudança é positiva, na medida em que reserva o tempo do Supremo (e a própria racionalidade do uso do mecanismo do foro) para casos em que há algum caráter público na conduta questionada. Na decisão de 2018, o ministro Barroso observou que "o sistema é ruim porque desgasta politicamente o Supremo, porque um Tribunal Constitucional não deve figurar como juízo criminal de primeira instância e é ruim porque alonga os processos indefinidamente".[39]

O "desgaste político" de que trata Barroso não é inteiramente resolvido por essa mudança de interpretação. Ela ainda deixa espaço para que ministros escolham quais casos de políticos estão ligados ao exercício da função, e o tribunal lida hoje com a percepção pública de que sua competência penal é exercida com motivação política. No caso de processos penais contra importantes autoridades, essa suspeita já aparece no próprio tempo da decisão. Por exemplo, segundo reportagem da *Folha de S.Paulo*, uma ação penal contra o deputado Arthur Lira ficou mais de dois anos sem movimentação no STF por um pedido de vista do ministro Dias Toffoli. Quando uma ação penal contra um dos políticos mais poderosos do país fica tanto tempo parada nas mãos de um ministro, é difícil convencer as pessoas de que o que está em jogo é apenas o Direito. Passa a ser cada vez mais tentador explicar esse tipo de decisão por preferências políticas ou partidárias, ou vontade de evitar conflitos políticos ou de impor custos a certas autoridades.

Essa preocupação é tão impossível de provar quanto de afastar completamente (afinal, como você garante que, no fundo, as verdadeiras motivações do juiz são políticas e não jurídicas?). Esperamos que juízes justifiquem suas decisões por escrito, mas mesmo uma decisão juridicamente sólida pode ser compatível com motivações psicológicas e políticas inconfessáveis. Por isso, em qualquer sistema jurídico, encontraremos medidas de desenho institucional para minimizar esse problema — incluindo o processo de seleção dos juízes, a criação de programas de treinamento e ética judicial e o desenho de sistemas recursais para controlar decisões controversas do ponto de vista jurídico. Contudo, é possível que alguns tipos de competência, como processos penais, tenham impacto político tão grande que aumentem demais o risco de politização.

Por fim, vale notar que o tribunal vem constantemente expandindo suas áreas de atuação nas últimas décadas. Tem, de forma deliberada, trazido para sua esfera de atuação questões que não apenas envolvem juízos morais e políticos, mas também problemas delicados da conjuntura política, eleitoral e partidária. Isso tem impacto na percepção pública da politização das decisões dos ministros, pois enfraquece a ideia de que estão sujeitos a limites. Quanto mais as pessoas se perguntam "Eles podem fazer isso?" e o tribunal responde "Sim!", mais passa a mensagem de que pode resolver todo e qualquer problema não apenas jurídico, como também político. Ao expandir suas competências de modo a cobrir praticamente todo e qualquer problema, em tempo real, sinaliza que seu papel vai além de fazer o que o Direito permite ou exige. Está se afirmando como um ator não apenas poderoso, mas também cada vez mais liberto das amarras das regras vigentes.

Em tese, o tribunal, como qualquer outra instituição pública, não pode fazer nada que não esteja previsto na Constituição. E não importa quanto expanda suas competências, sempre haverá muito que não pode fazer — em sentido jurídico e em sentido prático — justamente por ser um tribunal. Em sentido jurídico, a Constituição estabelece um sistema com competências divididas entre instituições e níveis da Federação. Nenhuma instituição tem poder para resolver o problema que quiser, do jeito que quiser, no momento que quiser — aliás, em uma democracia, *nenhuma* instituição deveria ter esse tipo de poder. Muito menos tribunais. Além disso, mesmo no âmbito do sistema de justiça, há no Brasil muitos outros juízes além dos ministros do Supremo, com regras de competência que definem quando e como cada um desses atores entra em cena. Quem pretende ser o "resolvedor-geral" dos problemas da República, porém, sinaliza que está disposto a ir além desses tipos de limite.

Além disso, o Supremo não tem capacidade prática de resolver determinados problemas. Não possui o vasto corpo burocrático do Executivo nem a estrutura descentralizada e altamente porosa aos pontos de vista de diferentes interesses sociais e políticos do Legislativo. O Supremo está no topo da hierarquia judicial que decide conflitos jurídicos, mas não está institucionalmente legitimado, desenhado e capacitado a puxar para si a responsabilidade de resolver problemas políticos ou econômicos mais amplos. Competência em sentido jurídico não é a mesma coisa que competência ou capacidade de fato. Esse tribunal é Supremo, mas ainda é apenas um tribunal, e eventuais arroubos dos ministros não deveriam nos fazer acreditar no contrário.

Onze Supremos?

Uma das mais sérias disfunções no funcionamento do STF, e que inevitavelmente contribui para a percepção de um tribunal politizado, é a alta concentração de poder nas mãos de ministros individuais. Encontraremos várias facetas desse problema nos próximos capítulos. Mas é preciso começar notando como é difícil justificar, em um órgão judicial de cúpula, que juízes individuais tenham tanto poder para decidirem sozinhos. Embora seja difícil que a autoridade judicial suprema de qualquer país tenha mais que algumas dezenas de membros, ela nunca é composta por um único juiz. No caso do Brasil, como já exposto, nosso órgão judicial máximo tem onze integrantes. Se fossem centenas, seria difícil tomar decisões (existem tribunais com centenas de juízes, no Brasil e em outros países, incluindo alguns tribunais superiores — nesses casos, os juízes se agrupam em unidades menores como câmaras, painéis ou turmas para decidir). Não seria realista imaginar que centenas de juízes conseguissem, de fato, deliberar sobre as questões complexas que o Supremo precisa considerar. Seria uma colegialidade apenas fictícia.

Instituições judiciais não têm uma natureza representativa. Se você quer que uma instituição decida de acordo com o desejo da população, não faz sentido conceder aos seus integrantes o tipo de garantias de independência que damos aos ministros do Supremo. Esperamos deles o contrário: que decidam, não pelo que imaginam ser o sentimento popular, mas pelo que o Direito determina. Mesmo assim, a diversidade de trajetórias profissionais e experiências de vida pode ser relevante para um tribunal de cúpula. Instituições colegiadas permitem que visões variadas sobre o mesmo problema apareçam, ajudando a instituição a evitar pontos cegos ou vieses na análise dos casos e argumentos.

Há outra razão para que instituições judiciais de cúpula sejam colegiadas. O processo decisório judicial é um mecanismo para resolver divergências em um cenário sem respostas fáceis ou evidentes. Mantendo todo o resto constante, quanto mais subimos na hierarquia judicial, duas coisas tendem a aumentar: a complexidade dos casos em exame (afinal, alguém decidiu que valia a pena investir tempo e recursos levando o caso até ali); e o grau de responsabilidade em jogo. O juiz de primeira instância é um decisor singular, não apenas porque seria custoso demais montar painéis de vários juízes para decidir todo e qualquer caso, como porque também há mais espaço para corrigir os eventuais erros. As instâncias superiores ainda podem ajustar decisões discrepantes vindas de baixo. Quando chegamos ao topo do sistema, porém, encontramos a instituição que "erra por último". Como não há quem corrija seus erros, é fundamental que ela contenha limites internos para prevenir esses desvios. A decisão colegiada é um dos mais importantes limites desse tipo.

Apesar dessa estrutura coletiva, na prática, o nosso Supremo é profundamente *individual*: no poder de decidir, no poder de controlar quando o tribunal delibera sobre certos temas, na relação com o público. Discutiremos com mais detalhes essas várias dimensões de individualidade ao longo dos próximos capítulos. Por ora, basta observar que muitas das decisões do Supremo tomadas em meio às crises pelas quais passamos, e que foram decisivas na política nacional na última década, foram tomadas *monocraticamente*, e não coletivamente, pelo plenário ou pelas turmas do tribunal.

Em 2013, a ministra Cármen Lúcia suspendeu lei que estabelecia novos critérios para distribuição dos *royalties* da exploração de petróleo na Federação brasileira. Em dezembro de 2015, o ministro Fachin suspendeu a instalação de uma comissão de impeachment contra Dilma Rousseff e determinou que o processo fosse reiniciado do zero na Câmara. Em março de 2016, por uma decisão liminar individual, Gilmar Mendes suspendeu a indicação de Lula como ministro-chefe da Casa Civil de Dilma Rousseff, com grande impacto no processo de impeachment em curso contra ela. Em 2017, Luiz Fux suspendeu a tramitação, no Senado, do pacote de reformas legislativas conhecido como "Dez Medidas contra a Corrupção", determinando que o processo legislativo fosse reiniciado na Câmara dos Deputados. Em 2018, o ministro Marco Aurélio determinou que pessoas condenadas a pena de prisão, confirmada por decisão de segunda instância, não poderiam sofrer a execução provisória dessa pena. Em 2019, Dias Toffoli suspendeu em todo o país a tramitação de processos utilizando dados do Conselho de Administração de Atividades Financeiras (Coaf). Em dezembro de 2020, Ricardo Lewandowski autorizou estados e municípios a importar vacinas que ainda não tivessem registro na Anvisa. Em novembro de 2021, Rosa Weber suspendeu a execução das chamadas "emendas de relator" no orçamento daquele ano.

Os exemplos acima são uma fração do conjunto das decisões individuais do STF de alto impacto na política nacional. Foram tomadas em contextos e processos diferentes e tiveram destinos distintos. Algumas foram rapidamente levadas ao plenário para confirmação, enquanto outras, por uma série de razões processuais, jamais tiveram seu mérito decidido pelo restante dos ministros. Concorde-se ou discorde--se do seu conteúdo, todas representaram grande exercício de poder decisório individual. Nesses casos, o poder de decisão individual "empareda" o colegiado: mesmo quando posteriormente há manifestação do colegiado, o juiz singular já alterou o mundo com sua decisão.[40] Transformou o cenário no qual atores políticos e sociais fazem seus cálculos e decidem que caminhos seguir, e no qual seus colegas precisarão deliberar. Pense, por exemplo, na diferença que é, para o Supremo, decidir se um determinado réu deve ser preso ou não, ou se uma medida provisória deve ser suspensa ou não — e deliberar se um réu já preso deve ser solto, ou se uma medida provisória já suspensa deve voltar a valer.

O uso do poder de decisão individual não é excepcional na história do Supremo pós-democratização. É a regra. Em termos quantitativos, desde 1988, o STF é um tribunal de decisões individuais, em que onze ministros decidem sozinhos um grande volume de casos. Entre 2000 e 2019, cerca de 88% de todas as decisões tomadas pelo tribunal foram monocráticas.[41] Entre 2010 e 2017, foram dadas 20.830 decisões monocráticas liminares individuais — decisões em que um ministro, sozinho, mandou que algo fosse feito, ou proibiu que algo fosse feito, a pedido de uma das partes. Uma média de 260 decisões liminares individuais por ano, por ministro, enquanto o plenário e as duas turmas do Supremo deram apenas 177 decisões liminares no período.[42]

Na TV Justiça, vemos os onze ministros reunidos para ouvir os votos uns dos outros e deliberar em tempo real. As câmeras, porém, mostram uma parcela pequena de como o tribunal resolve, de fato, as dezenas de milhares de processos sobre os quais delibera todo ano. Em estudo com Thomaz Pereira e Guilherme Almeida, analisamos todos os processos que tramitaram no STF entre 1989 e 2019 e que, no momento da análise, contavam com pelo menos uma decisão (de qualquer tipo) por parte de um ministro ou de um colegiado do tribunal.[43] Procuramos separar apenas os processos em que houve uma decisão *colegiada*, *presencial* e *específica*, isto é, casos que não foram decididos "em listas" de dezenas de outros casos idênticos, mas foram objeto de análise específica dos ministros. Apenas 1% dos processos atendiam a esse critério. Nos outros 99% as decisões foram individuais, ou tomadas no plenário virtual (em que os ministros não interagem em tempo real, apenas fazem *upload* de seus votos em uma plataforma digital), ou foram decididos "em massa", em listas de dezenas de processos. Nenhuma dessas condições é visível na TV Justiça.

Como chegamos a esse ponto? O que poderia justificar essa alocação de poder individual decisório em tantos processos, incluindo casos de vital importância para a sociedade? Não faz sentido imaginar que uma decisão judicial seja superior, do ponto de vista da sua correção, por ter sido tomada individualmente. O único raciocínio possível é o contrário: em órgãos colegiados há *menos* chance para que argumentos radicais, parciais ou equivocados prevaleçam, já que mais pessoas precisam se convencer para votar em um dado sentido. Do ponto de vista de sua correção jurídica, ou decisões individuais são iguais às decisões coletivas ou (o que é mais provável) são *piores*. Isso significa que a alocação de poder judicial decisório individual deve ser justificada por razões alheias ao mérito da decisão em si.

Essas razões têm a ver com o tempo da decisão judicial, em duas dimensões. Primeiro, delega-se poder individual porque um juiz sozinho será capaz de decidir medidas urgentes, que às vezes não podem esperar alguns dias para serem tomadas. Segundo, preserva-se o escasso tempo dos colegiados do tribunal para os casos mais importantes. Como os colegiados são lentos e o tempo é precioso demais, faz sentido, em princípio, que componentes individuais do STF recebam delegação para lidar com certos casos, em vez do todo do tribunal entrar em ação.

É inegável que um tribunal que recebe dezenas de milhares de processos por ano precisa de filtros de algum tipo para selecionar o que será decidido pelo conjunto de seus ministros. Esses filtros existem em qualquer tribunal de cúpula. Nem sempre as decisões que não envolvem todo o colegiado são de ministros individuais; frequentemente são tomadas por uma minoria dos membros do tribunal. No Tribunal Constitucional da Colômbia, por exemplo, dois membros da corte são sorteados mensalmente para formar um painel de seleção das *tutelas* que serão levadas ao colegiado. Discutiremos alguns desses mecanismos quando falarmos de seleção de casos. O que parece ser a "jabuticaba" do nosso Supremo, porém, é algo distinto. Não se trata do uso do poder individual como filtro para priorizar a pauta dos colegiados e preservar seu precioso tempo para casos mais complexos e graves. O peculiar é a possibilidade de ministros decidirem sozinhos questões profundamente importantes, juridicamente controversas e de alto impacto político sem controle relevante por parte de seus colegas. Esse tipo de poder, disseminado de modo tão sistemático no STF, não encontra paralelo nos outros sistemas que conheço, nem me parece compatível com as ideias de democracia e Estado de Direito.

Em um colegiado, o poder de cada juiz está disperso. Só pode prevalecer uma posição que angarie o apoio da maioria dos ministros. A simples exigência de que se vote por maioria é uma grande proteção contra abusos. Um juiz de primeira instância decide sozinho, mas está sujeito a muitos controles. Um juiz do Supremo, não. É poder demais para indivíduos não eleitos mudarem os rumos da sociedade e da política com suas decisões monocráticas — e é espaço demais para que, protegidos pela independência judicial, criem suas próprias regras em vez de se aterem às que existem.

Considere como essa estrutura de poderes interage com um problema apontado no Capítulo 2 — o fato de que a independência judicial acaba permitindo a indicação, e permanência no tribunal, de ministros que se comportam mais como os políticos que os indicaram do que como juízes. As disfunções do desenho do Supremo tornam a entrada de um ministro "político", no sentido acima, extremamente vantajosa para o presidente que faz a indicação. Um único ministro pode atuar politicamente como se fosse uma legião. Pode gerar benefícios imensos para seus aliados, mesmo sem a menor chance de conseguir uma maioria no colegiado — ao decidir monocraticamente e "emparedar" seus colegas com fatos consumados, por exemplo, ou ao pedir vista e obstruir a tomada de decisão mesmo quando já há maioria formada.

Além disso, agravando o problema, não parece haver limite ao comportamento político de ministros *fora do processo*. No dia a dia de Brasília, ministros podem se encontrar com políticos cujos interesses estão na ordem do dia no Supremo ou no TSE. Podem manifestar na imprensa preferências político-partidárias sobre temas de conjuntura, encorajando ou desestimulando estratégias políticas ao redor do tribunal. Adotar, ou não, esses comportamentos nocivos é uma escolha individual, sem limites, de cada ministro. Se quiser, um ministro pode ser um eficaz "resolvedor" de problemas de determinado partido político. Cada ministro vale muito mais do que um voto entre os onze do colegiado. A indicação de um ministro que atuará como extensão da política é, infelizmente, útil demais, para muito além da relação com quem fez a indicação original. Se quiser, uma vez protegido pelas garantias constitucionais, um ministro pode ser uma força política própria. Pode virar um empreendedor político em si, ora apoiando um partido, ora negociando seu apoio com outros atores, recebendo em troca o poder de influenciar indicações de autoridades dentro e fora do Judiciário.

Note, por exemplo, a frequência com que vemos na imprensa notícias sobre como certos ministros do STF estão fazendo campanha para a indicação de seus favoritos para tribunais regionais federais, para o Tribunal Superior Eleitoral, para o Superior Tribunal de Justiça ou outras vagas relevantes dentro e fora do Judiciário. É difícil afastar a ideia de que os poderes individuais de que dispõem no Supremo, e que podem usar com grande flexibilidade, são parte do que lhes permite angariar capital político necessário para que suas preferências sejam relevantes nesses disputados processos de indicação, muito além das paredes do Supremo.

Um ministro assim — um político em si e não um prolongamento da política de outros — pode optar por atuar politicamente, mas não partidariamente. De tão flexível na sua capacidade de resolver problemas dos políticos, deixa de ter um lado claro e, desse modo, pode virar um recurso valioso para qualquer força política. Evidentemente, nem por isso se torna um bom juiz — o que temos aqui não é imparcialidade, mas algo muito distinto: flexibilidade para trocar de lado de acordo com a conjuntura, o interesse ou a ocasião. Cabe lembrar um ponto mencionado antes sobre a elevação do quórum para aprovação de indicados ao STF: nem todos os fatores que tornam um nome palatável para uma ampla gama de políticos serão necessariamente republicanos. Um ministro que esteja aberto a resolver problemas da política na conjuntura — sem lado fixo, mas sempre descendo ao chão da briga política — é um recurso valioso para todos os políticos e todos os partidos.

O problema do excesso de poderes individuais e o consequente risco de politização excessiva do STF foi se tornando cada vez mais visível e discutido publicamente ao longo da última década. Contudo, trata-se de um *modus operandi* injustificável para uma Corte Suprema, e tentar compreender seu funcionamento não pode servir para normalizá-lo. Em recente livro, a jornalista Dahlia Lithwick utiliza o seguinte critério para avaliar a cobertura feita pela imprensa das atividades da Suprema Corte dos EUA: jornalistas acertam quando conseguem tratar a instituição como se fosse viva, mas seus personagens individuais (juízes e juízas específicos), não. Ou seja, os jornalistas atuam de modo correto e consequente quando analisam procedimentos, argumentos e casos, ainda que apontando o sentido político, mas sem descer à personalização, sem entrar no mérito do comportamento humano dos juízes. Nessa visão, vale o princípio de que a sociedade dos EUA tem diante de si instituição antiga e consolidada, com tarefas e procedimentos maiores do que as vaidades, vontades e conflitos das pessoas que as integram — elementos que jornalistas devem resistir à tentação de colocar no centro da análise.[44]

Enquanto escrevia este livro, voltava sempre a duas perguntas: No Brasil, nós tratamos o Supremo Tribunal Federal como uma instituição viva e os seus ministros, não? E deveríamos fazer isso? A resposta à primeira pergunta me parece negativa. Os próprios ministros do Supremo começaram a falar publicamente do déficit de colegialidade da instituição nas suas deliberações, e sucessivos presidentes do STF passaram a incluir a necessidade de reduzir o percentual de decisões monocráticas na agenda de reformas internas no tribunal. Essa transformação foi difícil, mas importante. O fato de o individualismo decisório (um elemento patológico do nosso STF) ter se tornado foco de atenção e crítica dentro e fora do tribunal é positivo. Hoje, nossas ferramentas e nossos hábitos de pensamento para descrever, pensar, criticar e até elogiar o Supremo são pessoalizados: não existe o Supremo como instituição, existem comportamentos, visões e estratégias individuais que, eventualmente, somam-se para formar uma decisão coletiva. Há pouco mais de uma década era comum ouvir professores, juízes, advogados e jornalistas dizerem que "o Supremo decidiu que...", mesmo no caso de decisões monocráticas. Esse mundo ficou para trás. Hoje, tomar um juiz individual pelo todo é muito raro no debate público brasileiro.

A resposta à segunda pergunta é mais problemática. Estamos errados em pensar dessa forma? Deveríamos tratar a instituição como se estivesse "viva" e dar menos atenção para as suas partes componentes — ministros e ministras? As categorias que usamos para descrever a atuação dos ministros do STF são percebidas e até incorporadas por esses mesmos ministros. Descrever uma realidade, ainda que para apontar um problema, acarreta o risco de normalizá-la — quanto mais frequente e visível algo se torna, mais "normal" nos parecerá, mesmo quando persistem as boas razões para considerar aquilo um problema. É melhor sermos radicalmente realistas quanto ao funcionamento da instituição, correndo o risco de acabar estimulando esse individualismo? Ao longo dos próximos capítulos, procuro manter a perspectiva realista. O individualismo excessivo que já existe precisa ser apontado. O Supremo é uma instituição fundamental que precisa ser defendida, mas sobretudo defendida e aperfeiçoada *enquanto tribunal*. Se determinados comportamentos dos ministros colocam em xeque a ideia de que o STF é um tribunal comprometido com a imparcial aplicação do Direito em conflitos dos quais não é parte, a culpa não é do realismo de quem o observa.

4. Por que esse caso? Por que agora?

Em 2013, o STF produziu milhares de decisões que envolviam direito penal. Decisões das quais dependiam a liberdade e a prisão, a inocência ou a condenação de milhares de pessoas. Dois casos no período chamam a atenção por motivos opostos. Naquele ano, o STF concluiu o mais longo julgamento de sua história: a Ação Penal 470, que você provavelmente conhece pelo nome de "Mensalão". Iniciado em 2012 e concluído em 2013, o julgamento levou à condenação de 24 réus, entre empresários, funcionários públicos e lideranças partidárias e políticas. Também em 2013 decidiu um habeas corpus de um réu acusado de ter "subtraído 4 (quatro) galinhas caipiras, avaliadas em R$ 40,00 (quarenta reais)". De um lado, um dos mais relevantes, aguerridos e controversos julgamentos da história do tribunal. De outro, uma decisão sobre crime pitoresco que já virou quase sinônimo, no imaginário público, do tipo de questão que não mereceria a atenção do sistema de justiça, muito menos de um tribunal superior.

No capítulo anterior, falamos de processos que têm por finalidade direta uma discussão de "questões de constitucionalidade", tipicamente sobre a compatibilidade entre uma lei e a Constituição. No sistema brasileiro, porém, aceita-se que um juiz, mesmo de primeira instância, possa, ao decidir qualquer caso em qualquer processo, considerar uma lei inconstitucional e, assim, recusar-se a aplicá-la. O Supremo compartilha esse poder com todo o Judiciário. Pode usá-lo até mesmo em processos em que a questão principal não diz respeito à compatibilidade entre uma lei e a Constituição. No habeas corpus mencionado acima, por exemplo, poderia haver um dilema envolvendo o devido processo penal, o direito de todo réu a ampla defesa e a ser assistido por um advogado, ou o direito de ficar em silêncio durante um interrogatório policial. Mas nada disso estava em jogo. O réu pedia ao tribunal que reconhecesse que, no caso daquele furto específico, o crime era tão insignificante a ponto de não justificar um processo criminal. O Supremo discordou e manteve o processo.

Do Mensalão ao galinheiro, da corrupção envolvendo o sistema político a um furto irrisório. Como é possível que o tribunal máximo do país tenha decidido, no mesmo mês, dois casos de relevância tão distinta? Sem dúvida, a função de um tribunal, mesmo um tribunal superior, não é decidir apenas casos "famosos". Muito menos quando recebe, processa e decide tantos casos como o nosso Supremo. Os onze gabinetes produzem dezenas de milhares de decisões por ano. É inevitável que nem todos os casos sejam igualmente importantes, ou envolvam complexas questões jurídicas, políticas, econômicas e sociais.

Contudo, na impressionante produção deste Supremo-fábrica há decisões e *decisões*. Os casos chegam iguais ao Supremo, mas, lá dentro, percorrem caminhos diferentes e recebem graus distintos de atenção por parte da instituição. No oceano de decisões monocráticas, como falamos no capítulo passado, está um vasto número de casos "fáceis", em que o relator considerou que poderia decidir sozinho. Falamos em casos "fáceis" do ponto de vista jurídico; pedidos claramente absurdos ou decisões óbvias nos termos da jurisprudência consolidada. Processos nos quais é justificada a delegação para um relator decidir sozinho, como falamos no capítulo passado, preservando o tempo dos colegiados para questões mais difíceis ou relevantes.

O caso do furto de galinhas foi uma decisão *colegiada* (de uma das turmas), tal como foi a do "Mensalão" (tomada pelo plenário). Por um conjunto de mecanismos, procedimentos e escolhas do tribunal, esse habeas corpus foi selecionado para ter um tratamento muito raro e ser decidido por um coletivo de ministros. São esses mecanismos, procedimentos e escolhas que vamos analisar neste capítulo.

A agenda começa de fora

Vamos chamar de "agenda do tribunal" o conjunto de temas, casos e problemas que compõem a pauta decisória da instituição em um dado momento. Essa agenda começa a ser construída a partir do que vem de fora do tribunal; nesse sentido, podemos dizer que a agenda do STF é primariamente exógena. São ações movidas por pessoas ou instituições que escolhem levar uma questão ao Judiciário — e, até que isso ocorra, juízes não podem agir nesses casos. No linguajar jurídico, não podem agir "de ofício", por serem "inertes". Só podem atuar "mediante provocação". Diferentemente de presidentes, prefeitos, governadores e parlamentares, juízes não podem fazer uma lista dos problemas que desejam enfrentar e simplesmente agir em relação a eles. Essa é uma das razões, aliás, pelas quais o chamado "Inquérito das *Fake News*", criado em 2019, é controverso: envolveu exercício de poder judicial de ofício, sem provocação. Independentemente da base legal, isso é algo pouco usual. Mover uma ação contra alguém não é apenas levar a pessoa ao tribunal: é também permitir que o tribunal adentre um conflito que, sem essa provocação, estaria fora do seu alcance. Cada ação é uma porta que, sozinho, o tribunal não poderia abrir.

Por exemplo, foram os advogados do ex-presidente Fernando Collor de Mello que decidiram acionar o STF contra a sua condenação por crime de responsabilidade pelo Senado em 1992 — e não os ministros daquela época que, um belo dia, pensaram que sua intervenção seria útil ou necessária e se puseram a decidir a questão. Assim como foi a defesa do ex-presidente Luiz Inácio Lula da Silva que, ajuizando recursos e ações junto ao STF em 2020, levou o tribunal a discutir se a competência para decidir diversas acusações de corrupção era da 13ª Vara Federal de Curitiba, que havia sido ocupada pelo juiz Sergio Moro. Da mesma forma, foi em resposta a um pedido do Partido Democrático Trabalhista (PDT), em 2020, que o ministro Alexandre de Moraes suspendeu uma nomeação do presidente Bolsonaro para a direção da Polícia Federal.

Por vir de fora, a pauta que chega ao tribunal invariavelmente deixa coisas de fora. No Brasil, estamos acostumados à "judicialização da política". Estamos habituados a que toda questão minimamente controversa no campo da política seja levada ao Judiciário e transformada em uma disputa jurídica. Mesmo nesse cenário, no entanto, nem todos os problemas e conflitos — inclusive alguns de alta magnitude — são levados ao Judiciário, muito menos ao Supremo. Por exemplo: considere que várias emendas constitucionais adotadas no governo FHC, entre elas, reformas econômicas que geraram grande debate público, não chegaram a ser questionadas no Supremo após a aprovação pelo Congresso. Uma hipótese para explicar essa "não judicialização" é que, quando a negociação política é bem-feita e inclusiva, com a costura de uma grande base de apoio junto ao Congresso, eventuais derrotados terão menos incentivos para tentar virar o jogo no Supremo.

Tribunais "recebem" conflitos por meio de processos formais, que, para serem válidos, precisam ser apresentados dentro de determinadas regras. Vimos que o fato de certas instituições se chamarem "Supremo Tribunal", "Suprema Corte" ou "Tribunal Constitucional" não nos diz muita coisa sobre como funcionam nem sobre suas tarefas concretas. Um mesmo nome — "tribunal" ou "corte" — ou adjetivo — "supremo" ou "constitucional" — pode designar instituições bem diferentes. Isso também ocorre no caso das regras de acesso e competência. Variam de país para país, entre tribunais no mesmo país e até no mesmo tribunal, ao longo do tempo e através de sucessivas reformulações. Algumas dessas regras estão na Constituição e outras na legislação ou no regimento do tribunal. Algumas são resultado da própria interpretação do tribunal sobre o que está escrito na Constituição, nas leis e no regimento. Dependendo de como definem a competência de um tribunal, podem tornar mais difícil, improvável ou até mesmo impossível que certos conflitos cheguem a uma corte para decisão. Discussões sobre processo, competências e procedimentos podem parecer meras tecnicalidades, mas, em última instância, definem quando e como surgirão oportunidades para o tribunal exercer poder — e juízes nessas instituições sabem disso muito bem.

O poder da Suprema Corte dos EUA, por exemplo, é em vários aspectos mais limitado do que o do Supremo Tribunal Federal. A Constituição dos EUA exige que uma declaração de guerra a um país estrangeiro seja aprovada pelo Congresso. Embora há décadas presidentes dos EUA enviem tropas para atuar em outros países sem uma declaração formal de guerra, nos anos 1970, o Congresso começou a criar regras gerais para essas atividades. Em 1973, após o fiasco da Guerra do Vietnã, o Congresso aprovou uma "Resolução de Poderes de Guerra", vigente até hoje, com regras para o envio e uso de tropas no estrangeiro pelo presidente. E, após os ataques terroristas de 11 de setembro de 2001, o Congresso aprovou autorização no âmbito da Resolução para envio de tropas para o combate ao terrorismo.

No entanto, se alguém achar que o presidente está descumprindo essas regras no caso de uma movimentação militar específica, não é simples discutir a questão no Judiciário. A Constituição de lá requer que as decisões recaiam sobre "casos ou controvérsias", o que é tradicionalmente entendido como uma proibição de que a corte decida questões "em tese". Aplicando esse dispositivo, estabeleceu-se na jurisprudência que somente alguém cujos direitos tenham sido diretamente violados por um ato do Executivo ou do Legislativo poderia discutir a questão na Justiça. Nos EUA, portanto, não é possível simplesmente pedir ao Judiciário que discuta e decida *em tese* se o envio de tropas do presidente da República para um cenário de conflito externo ocorreu ou não dentro das regras.

Em 2016, o capitão Nathan Smith ajuizou ação na primeira instância contra o presidente Obama, alegando que o envio de tropas para combate ao Estado Islâmico (Isis, na sigla em inglês) extrapolava os termos da "Resolução de Poderes de Guerra" e exigiria autorização específica por parte do Congresso. Smith fora enviado para um posto de inteligência no Kuwait, afastado da linha de frente. Ele alegava que teria havido prejuízo pessoal porque a ilegalidade da ordem de Obama o fizera descumprir o juramento de respeitar e proteger a Constituição. O Judiciário não se convenceu do argumento de Smith. A ação foi rejeitada justamente porque os tribunais não encontraram prejuízo pessoal concreto para Smith, provocado pela movimentação militar determinada por Obama. Por isso, não se chegou a decidir o mérito da ação sobre a constitucionalidade do envio de tropas para combater o Isis.

Nosso Supremo é diferente. Como vimos em capítulos anteriores, há mecanismos para pedir ao tribunal que se pronuncie sobre uma questão em tese, sem que seja necessário demonstrar o impacto nos direitos de uma pessoa ou organização específica. Se compararmos às regras de outros países, a Constituição brasileira distribui os mecanismos de acesso ao Supremo de maneira bastante ampla. Há um conjunto de atores que pode contestar a constitucionalidade de qualquer medida adotada pelo presidente, sendo ou não "diretamente" afetado por ela, como exige a regra nos EUA. No Brasil, por exemplo, qualquer partido político representado no Congresso (ou o procurador-geral da República, ou o Conselho Federal da OAB, entre outras instituições públicas e da sociedade civil) pode pedir ao STF que discuta a constitucionalidade em tese de qualquer lei ou decreto.

Graças a esse acesso amplo, qualquer decisão política minimamente controversa no Congresso, ainda que tomada por ampla maioria, será questionada no Supremo. Afinal, todo partido político derrotado numa votação no Congresso tem a opção de levar uma ação diretamente ao tribunal pedindo a suspensão imediata da lei contra a qual votaram. Por que *não* fariam isso? Alguns partidos pequenos em termos do número de cadeiras no Congresso se tornaram verdadeiros especialistas em propor ações de controle de constitucionalidade no Supremo. Conseguem pela via judicial um impacto muito maior do que suas poucas cadeiras na Câmara e no Senado permitiriam na via político-legislativa. Mesmo que percam, já terão conseguido visibilidade e audiências muito ampliadas.

No período de 2019 a 2021, em que tinha apenas uma deputada e dois senadores, a REDE ajuizou nada menos que 28 Ações Diretas de Inconstitucionalidade (ADIs) e quarenta Arguições de Descumprimento de Preceito Fundamental (ADPFs) junto ao Supremo.[45] Foi com uma dessas ações no período da Covid-19 que a REDE conseguiu liminar do ministro Lewandowski suspendendo medida provisória do governo Bolsonaro que alterava regras para a mudança de contratos de trabalho por meio de negociação individual, durante a pandemia. Uma decisão com substancial impacto político, obtida por uma ação judicial proposta por um partido com apenas três representantes no Congresso.

Existem sistemas ainda mais abertos que o brasileiro. Na Colômbia, qualquer cidadão pode levar ao Tribunal Constitucional questões assim. As Supremas Cortes da Índia e de Israel também são notoriamente generosas em aceitar questões de interesse público que tenham sido levadas por pessoas ou organizações não diretamente envolvidas. Segundo a Constituição do Equador, todas as pessoas, comunidades, povos e nações podem exigir na Justiça proteção aos direitos de Pacha Mama, a "mãe natureza". Mesmo que não seja tão amplo quanto os exemplos citados, o acesso à jurisdição constitucional do STF no Brasil é muito mais generoso do que nos EUA.

Em todo país, em qualquer momento, sempre existirão questões constitucionais para as quais ainda não há — e, para algumas, talvez nunca haja — uma resposta do órgão judicial máximo. É complicado criticar o STF por "não ter resolvido" um determinado conflito, mesmo que esse conflito já esteja sendo discutido em outra instância do Judiciário; certos casos, especialmente os que envolvem pessoas concretas, não podem ser levados ao tribunal por mecanismos diretos. Só vão chegar lá depois de terem sido decididos por outras instâncias do Judiciário — o que pode levar muitos anos.

Um dos casos que envolveram Lula, já mencionado antes, nos fornece um bom exemplo. Em março de 2021, o ministro Edson Fachin decidiu anular as quatro condenações de Lula pela 13ª Vara Federal de Curitiba. Para tanto, Fachin identificou que havia um problema de competência territorial no processo: pelas regras vigentes, e segundo o entendimento do STF sobre a Lava Jato, não deveria ter sido a Justiça Federal de Curitiba a julgar Lula; semanas depois, o STF confirmou a decisão de Fachin e afirmou que a competência, na verdade, seria da Justiça Federal de Brasília. O problema é que anos haviam se passado entre a condenação e a decisão do Supremo sobre o tema. As primeiras condenações ocorreram em 2018, e o primeiro processo penal contra Lula em Curitiba havia sido iniciado em 2016. Por que o tribunal havia demorado tanto para decidir uma questão tão relevante? Note-se que o STF só foi provocado a decidir essa questão após outros tribunais nacionais terem se pronunciado sobre o tema ao longo dos anos. Após derrotas no Superior Tribunal de Justiça, foi só em novembro de 2020 que a defesa de Lula ajuizou no STF o habeas corpus específico no qual o ministro Edson Fachin daria sua decisão monocrática meses depois. Quando você sentir que o Supremo está demorando para decidir um determinado tema, é importante saber se já há ou não um processo tramitando no tribunal sobre a questão.

A segunda implicação da inércia judicial é que juízes e tribunais *precisam* de casos. São o combustível que alimenta seu poder. Sem casos, eles não têm oportunidade de agir sobre o mundo. Ficam paralisados, por maior que seja a vontade de intervir. É comum ouvir ministros do STF lamentando o número excessivo de casos que a corte recebe. Essas reclamações não são novas. É possível encontrar registros de falas similares de integrantes do tribunal ao longo do século XX. O volume de casos que o tribunal recebe efetivamente gera pressões sobre a instituição, seus integrantes e seus recursos limitados, como discutimos no capítulo anterior. Entretanto, neste capítulo, procuramos analisar esse "problema" por outra perspectiva: sem um volume relevante de casos, o STF perderia capacidade de agir sobre a política. Em tese, quanto mais casos e mais temas forem levados ao tribunal, mais oportunidades ele terá de exercer poder sobre a vida nacional.

Um tribunal com regras restritivas de acesso e competência será menos acionado, e um tribunal que não é acionado sobre temas importantes não será relevante. Na ditadura militar, somente o procurador-geral da República podia ajuizar representações de inconstitucionalidade contra leis federais e estaduais junto ao Supremo (nada de partidos políticos, a OAB ou entidades de classe, como passou a ser o caso na Constituição de 1988). Mais ainda, o procurador-geral da República antes de 1988 não tinha mandato fixo e poderia ser livremente demitido pelo presidente da República. Essa configuração tornava improvável que um conflito político inconveniente para o presidente chegasse ao STF por via da PGR. O STF da ditadura tinha acesso e competência mais restritos e, consequentemente, menos oportunidades de exercer e afirmar seu poder.

Inerte, mas nem tanto?

A ideia da inércia judicial é fundamental para compreender o funcionamento do STF na democracia brasileira. Variações dessa ideia aparecem com frequência em entrevistas, votos e falas públicas de ministros do tribunal. Quando indagados sobre intervenções do Supremo em controvérsias políticas, as respostas dos ministros quase sempre incluem o seguinte *disclaimer*: nós só agimos quando provocados, e uma vez provocados precisamos agir. Tal afirmativa contém um núcleo de verdade, como discutimos acima, mas também há nela algo de disfarce. Pode ofuscar uma percepção mais apurada sobre o que acontece depois que um processo chega ao Supremo. É preciso desconstruir dois mitos em torno da forma como a ideia de "inércia judicial" é aplicada ao STF. O primeiro é que *o tribunal não escolhe o que vai julgar*. O segundo mito é que *uma vez provocado o Supremo é obrigado a se manifestar*. Esses dois lugares-comuns, frequentemente repetidos por juristas e ministros, não retratam o funcionamento da instituição. Expressam como a comunidade jurídica talvez deseje que o tribunal funcione, não como ele opera de fato.

Em 15 de março de 2016, meu colega Thomaz Pereira e eu fomos surpreendidos com a notícia de que o Supremo se preparava para decidir na próxima sessão do plenário se a

Constituição brasileira poderia ser emendada para introduzir uma espécie de regime parlamentarista no Brasil. O país vivia uma crise política, e dali a algumas semanas a Câmara dos Deputados viria a autorizar o início de um processo de impeachment contra a presidente Dilma Rousseff. Naquele momento, com o impeachment tramitando na Câmara dos Deputados, apareceram em Brasília outros possíveis encaminhamentos para a crise que não envolviam a remoção da presidente. Uma dessas saídas mencionadas era justamente uma mudança no sistema político que mantivesse Rousseff no cargo, mas com poderes reduzidos, com uma emenda constitucional criando a figura de um "primeiro-ministro" que assumiria algumas das prerrogativas da Presidência.

Nenhuma iniciativa nesse sentido havia de fato aparecido. Apenas ouvia-se, aqui e ali, entre os boatos e especulações típicos de Brasília em momentos de crise, que algumas lideranças estariam considerando tal emenda como solução. Se uma PEC estabelecendo um regime parlamentarista fosse proposta, é altamente provável que ela seria questionada no STF mesmo antes de ser aprovada. Mas não existia proposta a ser contestada. Como, então, um tribunal inerte, sem ter sido provocado, pôde se adiantar e deliberar sobre um tema que mal havia começado a ganhar espaço em Brasília?

O segredo está na peculiar relação do Supremo com o tempo. Havia, sim, uma proposta de emenda à Constituição que envolvia uma mudança para o parlamentarismo sendo contestada no tribunal. Mas era uma PEC de 1995, que fora contestada em um mandado de segurança de deputados do Partido dos Trabalhadores — em 1997! Na época, o relator do caso negara uma liminar. Foi a única decisão no processo. Depois disso, nada. O caso passou sucessivamente pelas mãos dos relatores Néri da Silveira, Ilmar Galvão, Ayres Britto e Cezar Peluso, até chegar a Teori Zavascki, em 2012. E, em 2016, 21 anos depois, o caso ainda aguardava julgamento em uma das gavetas do gabinete de Zavascki, tal como havia ocorrido com cinco outros relatores. Até que o tema do parlamentarismo, ainda que de forma apenas esboçada, voltou ao debate político e o caso veio a ser pautado. Tão rapidamente quanto surgiu na pauta, voltou para a gaveta. Não houve mais conversas na Praça dos Três Poderes sobre uma eventual solução parlamentarista. Sem alarde, o STF desistiu de decidir a questão. Sem nenhuma explicação, o mandado de segurança pautado não foi chamado para julgamento. Desde 2016, chegou a ser pautado uma outra vez, para ser depois novamente retirado. Em 2018, após um pedido de desistência dos autores do MS, o processo foi extinto pelo novo relator, Alexandre de Moraes. Não houve, assim, resposta do tribunal quanto ao mérito da ação.

Essa sequência de acontecimentos tem uma explicação plausível: analisando a cena política, prevendo que um debate sobre parlamentarismo *talvez* surgisse, ministros do Supremo resolveram se antecipar. No Direito brasileiro, qualquer tentativa de implementar o parlamentarismo exigiria uma alteração formal no texto da Constituição, o que demanda uma tramitação específica no Congresso. A Constituição brasileira, entretanto, impõe limites a esse poder, incluindo uma proibição a emendas que "tendam a abolir" aspectos centrais do texto constitucional, as chamadas "cláusulas pétreas", que incluem a separação de poderes. O poder do Supremo de validar ou não se novas emendas violam as "cláusulas pétreas" já é parte normal da política nacional. O tribunal suspendeu ou anulou ao menos parcialmente cerca de 10% das emendas constitucionais aprovadas pelo Congresso de 1988 a 2019.[46] Portanto, os ministros do STF sabiam que se o Congresso aprovasse uma emenda transformando o cargo ou os poderes do presidente da República, dividindo-os com um primeiro-ministro, ela certamente seria contestada no tribunal.

Suponho terem considerado que contribuiriam para a estabilidade política se sinalizassem, desde já, se a saída do "parlamentarismo por emenda" era constitucional. Se fosse, daria segurança a quaisquer acordos realizados pelos políticos em torno dessa solução. Se não fosse, os políticos já saberiam de antemão que tal via não funcionaria. Não perderiam tempo em negociar uma reforma que seria derrubada pelo Supremo mais à frente, e o Supremo evitaria o possível desgaste de ter que declarar inconstitucional uma emenda central para o encaminhamento da crise política. O raciocínio faz sentido. Mas como deliberar sobre um conflito que ainda não existia? Aqui, o caso antigo dá um pretexto institucional perfeito. Formalmente, trata-se da análise de uma PEC de 21 anos atrás, mas, na prática, envolvia um tema próximo ao debate daquele momento, que o STF pretendia antecipar e influenciar.[47]

Este é um ponto fundamental: o STF pode influenciar o desfecho de conflitos que nem sequer estão claramente delineados. Basta que encontre em seu vasto acervo de processos pendentes um que trate da questão que a corte quer influenciar. Oportunidades assim não faltam. Elas são geradas por uma combinação de dois elementos: um grande volume de casos, criado ao longo de décadas pelo acesso ampliado a uma série de atores sociais e políticos; e a completa ausência de qualquer prazo, na prática, para decidir sobre qualquer processo. O tribunal pode manter uma coleção de temas possíveis, fossilizados em casos antigos que jamais foram resolvidos, mas que podem a qualquer momento ser ressuscitados se os juízes considerarem que tratam de questões que seria conveniente, ou necessário, decidir agora. Assim, apesar da "inércia", ainda há uma grande margem para o tribunal escolher se e como se posicionar sobre questões da ordem do dia. Se fosse obrigado a decidir dentro de um prazo determinado, o cenário seria diferente. O Supremo, porém, pode demorar quanto quiser para decidir? Pode escolher alguns casos para julgar e outros para deixar para outro dia? A resposta às duas perguntas é sim.

Duração de processos e (a falta de) prazos

Você certamente já ouviu alguém reclamar da "morosidade" do Judiciário. A ideia de que o Poder Judiciário demora demais para tomar decisões aparece frequentemente no debate público e em conversas do dia a dia. Esse diagnóstico de "lentidão" varia de acordo com as percepções de quem usa (ou não) o Judiciário e para que fins. Por exemplo, em 2000, com base em uma pesquisa feita com empresários brasileiros no fim dos anos 1990, o economista Armando Castelar Pinheiro registrou que 91% avaliavam a velocidade do Judiciário como "muito ruim".[48] Em 2014, utilizando dados da Pnad/IBGE de 2009, Pinheiro e Fernando de Holanda Barbosa Filho observam que pelo menos 15% das pessoas que preferiram não levar seus conflitos ao Judiciário justificaram sua decisão citando a expectativa de que a solução por essa via "demoraria demais".[49] Esse debate é antigo. Já foi objeto de diversos estudos e propostas e foi central nas discussões no Congresso da chamada "reforma do Judiciário". Nos anos 1990, foi nesse contexto que se criaram os Juizados Especiais, com procedimento simplificado para causas de menor complexidade. Em 2004, entre diversas medidas para tentar melhorar o tempo de resposta judicial, foi aprovada a emenda constitucional da "reforma do Judiciário" que incluiu entre os direitos fundamentais da Constituição o "*direito à duração razoável do processo*". Com isso, eu e você temos o direito a que nossos processos na Justiça — tanto os que nós iniciamos quanto os que outros moveram contra nós — não demorem além do que seria "razoável".

Determinar os limites do "razoável" não é tarefa simples. Processos judiciais variam em sua complexidade. Segundo dados do relatório "Justiça em Números" de 2021, elaborado pelo Conselho Nacional de Justiça, havia mais de 75 milhões de processos em tramitação no Judiciário no fim de 2020.[50] O mesmo relatório aponta que, na justiça estadual, o tempo médio até a decisão na primeira instância foi de dois anos e cinco meses — mas de cinco anos e dois meses, no total, até a execução dessa decisão. Essa duração é "razoável"? A pergunta faz pouco sentido sem olharmos para os casos concretos, mas há indicadores de que a insatisfação com o tempo da Justiça permanece. Em quase 60% das vezes em que usuários do sistema de justiça entraram em contato com o CNJ em 2019, o tema era "morosidade processual no Poder Judiciário". A média histórica é de quase 39%, mas esse percentual vem crescendo desde 2009.[51] Isso não quer dizer que a lentidão necessariamente piorou (na verdade, há alguns anos o Judiciário brasileiro julga mais processos do que recebe). Pode ser apenas reflexo de que mais pessoas estão dispostas a reclamar junto ao CNJ quando acreditam que seu caso está demorando demais.

A legislação estabelece uma série de prazos para a atuação do juiz e dos servidores que o auxiliam — trinta dias para dar uma sentença uma vez que o processo esteja pronto, por exemplo. O CNJ também recomenda que não se passem mais de trinta dias entre "andamentos" processuais (isto é, os acontecimentos na vida de um processo quando ele tramita no Judiciário — um despacho do juiz, a remessa dos autos para a análise de um perito, a convocação de uma testemunha, a marcação de uma audiência). Prazos são fundamentais para que o cidadão não fique refém de uma análise casuística e possivelmente enviesada do próprio Judiciário sobre a "razoabilidade" da duração de um processo.

Contudo, como observou o jurista Joaquim Falcão ao comentar a duração dos processos no Supremo, existem o que podemos chamar de prazos "impróprios": nada acontece *no processo* quando um juiz desobedece a prazos determinados pela lei. Se os trinta dias passarem e não houver sentença, o juiz não perde o direito de decidir nem é forçado a decidir imediatamente. Ele pode levar muito mais tempo para cumprir a tarefa. Porém, se ele ultrapassar os trinta dias, pode enfrentar consequências *fora do processo*. As mais importantes entre estas são disciplinares e afetam a progressão do juiz na carreira. Juízes com muitos processos fora dos prazos legais têm a promoção limitada; além disso, atrasos podem gerar punições, até mesmo após o juiz ter enfim dado uma decisão. Prazos "impróprios" são como o tempo que temos para dar feliz aniversário para alguém próximo: se esquecer no dia, você não perderá a chance de dar os parabéns dias, semanas e até meses depois — mas quanto maior o atraso, maiores as possíveis consequências (no caso, sociais) por ter se atrasado tanto.

Dessa forma, prazos (mesmo os "impróprios") são uma ferramenta importante, ainda que imperfeita, para que juízes cumpram suas tarefas em um tempo razoável do ponto de vista de quem precisa de solução para seus conflitos. Mas, para que os prazos impróprios possam ter efeito, dependem de uma estrutura institucional que analise a conduta do juiz e aplique as penalidades cabíveis. Pode ser a corregedoria de um tribunal, ou o próprio Conselho Nacional de Justiça, que investigue a demora para ver se houve omissão ou algum comportamento inadequado por parte do juiz; pode ser o próprio tribunal a que o juiz pertence, no momento de uma decisão sobre sua progressão na carreira.

Isso quer dizer que, para funcionar como limite para o juiz, o prazo não pode ser só um prazo. Precisa ter dentes. Deve ser acompanhado de uma estrutura para fazê-los cumprir. Sem isso, podemos apenas pedir aos juízes que decidam em tempo "razoável", conforme a boa vontade, o profissionalismo e a capacidade de organização de cada um — uma formulação nada eficaz para desencorajar atrasos de maneira geral. Entretanto, é *exatamente* esse o cenário que encontramos no STF. Embora nem tudo que os ministros façam esteja formalmente sujeito a prazos, há, sim, alguns prazos previstos na legislação processual vigente e no regimento do Supremo. Contudo, não há autoridade que os faça valer sobre os ministros. O Supremo determina e aplica prazos legais a outras instituições, mas não há qualquer autoridade com poder de exigir dos ministros o cumprimento de prazos legais, por qualquer meio e com qualquer efeito. Dependemos apenas da disposição, diligência, senso de responsabilidade e boa vontade dos próprios ministros.

Assim, se o tribunal não quiser enfrentar um determinado tema, pode nunca pautar o caso para julgamento. O Supremo *pode* pura e simplesmente ficar em silêncio sobre um dado tema. Sem qualquer autoridade capaz de exigir que a corte cumpra prazos, na prática — ao contrário do que costumam afirmar alguns ministros e juristas — é possível que, mesmo provocado a se manifestar, o Supremo não o faça. Uma vez provocado, o Supremo *pode ou não* se manifestar. Nem todos os tribunais constitucionais e cortes supremas funcionam assim. Não é comum haver autoridades externas a essas instituições com o poder de impor prazos, ou sancionar seus integrantes caso descumpram prazos "impróprios". Em geral, porém, existe um prazo (formal ou informal) para que ao menos definam *se e quando vão decidir*, ainda que os controles desse prazo sejam internos ao próprio tribunal. É o que ocorre, por exemplo, na Suprema Corte dos EUA. Ela recebe uma média de 7 mil processos por ano, e escolhe menos de cem para julgar. Os casos não escolhidos são imediatamente descartados. Os selecionados, porém, são por regra processados e decididos no mesmo ano judicial em que foram selecionados, isto é, a corte tem liberdade para dizer "vou julgar" ou "não vou julgar" um processo — mas precisa dizer *algo*. E, com raríssimas exceções, uma vez que decida julgar um caso, precisa concluir o julgamento em menos de um ano.

Trata-se de uma característica especial do Supremo brasileiro: não possui prazo para julgar. Um caso pode ser decidido individualmente ou selecionado para julgamento coletivo hoje, semana que vem, ano que vem ou na próxima década. Até lá, o tribunal pode ficar em silêncio, enquanto o caso aguarda (indefinidamente) julgamento. Podemos não gostar dessa constatação, mas é um fato (mesmo que haja recentes tentativas de enfrentá-lo, como veremos no fim deste capítulo), com muitas implicações para o funcionamento do tribunal. Quem pode não dizer nada, pelo tempo que quiser, na prática, escolhe o que quer decidir.

Quem escolhe os casos para julgamento?

Como essa grande liberdade de definição da agenda é exercida pelo tribunal? Até aqui, o tratamos como uma entidade só: "o Supremo" quer ou não quer julgar, "o tribunal" consegue ou não consegue julgar. Contudo, no capítulo anterior, mencionamos que o Supremo nem sempre funciona como instituição coletiva. Por trás de qualquer decisão, omissão ou ação do tribunal existem pessoas que, sozinhas ou em interação, fazem escolhas sobre quais processos se movem e quais ficam inertes. A pergunta fundamental é *quem* escolhe os casos para julgamento. A resposta é múltipla e vem se transformando com o tempo.

O termo "pauta" é usado em mais de um sentido quando se fala do Supremo. Em sentido mais preciso, a "pauta" são todos os processos em condição de julgamento. No entanto, é comum que o termo seja usado para se referir à lista de processos previstos para julgamento em uma sessão específica de uma das turmas ou do plenário. Essa lista inclui os processos que *podem* ser chamados, mas geralmente inclui mais processos do que serão, de fato, objeto de deliberação pelo colegiado. Em sua entrevista para o projeto História Oral do STF, Nelson Jobim (que foi presidente do tribunal entre 2004 e 2006) conta o momento em que *descobriu*, quando começou a atuar como ministro, como era formada a pauta do plenário:

> *Nos primeiros seis meses, eu aprendi duas coisas: uma era que havia um problema na ordem do dia. Qual era a modelagem? O gabinete... O processo entrava no Supremo, era distribuído ao gabinete, o ministro fazia o relatório, preparava o seu voto e, aí, mandava para a presidência do Supremo para a inclusão na pauta. Então, você tinha, digamos, seiscentos processos em pauta, que poderiam ser chamados a qualquer momento. E, aí, eu percebi durante esse período, ou durante todo esse tempo, eu percebi que chamar em pauta era uma decisão do presidente,*

era o presidente que resolvia chamar o processo. E o chamar o processo do presidente estava muito vinculado ao pedido de preferência dos advogados, ao pedido de preferência do governo que precisava decidir uma matéria. Ou seja, não tinha uma... Algo que pudesse fazer com que os ministros, os outros, tivessem uma ciência disso.[52]

O trecho acima, de uma entrevista de 2012, fala de um Supremo de quase duas décadas atrás, mas permite vislumbrar vários elementos presentes ainda hoje. Primeiro, a *opacidade* dos mecanismos de seleção de processos para julgar. Mesmo um grande *insider* da política nacional, como Jobim, precisou estar no tribunal para entender exatamente como funcionava a pauta. Segundo, o trecho aponta para a *imprevisibilidade* da agenda decisória do STF, com os próprios ministros eventualmente sendo surpreendidos pela chamada de um caso para julgamento. Terceiro, a existência de uma *distribuição desigual de poder* dentro do STF, no que diz respeito à formação da pauta. O presidente tem poderes que os relatores e outros ministros não têm; os relatores, por sua vez, têm seus próprios poderes, que nem mesmo os presidentes têm. Quarto, o trecho mostra *pluralidade de critérios* pelos quais esse poder pode ser exercido por cada um desses atores. Vamos discutir cada um desses elementos a seguir.

Como observamos em capítulos anteriores, existem vários Supremos (colegiados) dentro do Supremo: (I) o plenário "real" ou "síncrono" (aquele que você vê na TV Justiça, nas sessões de quarta e quinta, com os onze ministros reunidos); (II) o plenário virtual (PV), uma plataforma em que os ministros decidem coletivamente, mas sem interação em tempo real; (III) as duas turmas, cada uma com cinco ministros (cada turma também conta com uma versão "virtual", mas deixaremos isso fora da nossa discussão). Os plenários "síncrono" e virtual são presididos pelo presidente do Supremo, eleito para um período de dois anos, sem recondução. Como vimos, as turmas possuem, cada uma, o respectivo presidente, também designado por dois anos. Além desses três colegiados, existem duas outras unidades de tomada de decisão autônoma e individual — (IV) cada um dos ministros relatores de processos e (V) a presidência do Supremo, que tem poderes decisórios específicos e exclusivos. Nesses últimos dois casos, as decisões são "monocráticas".

No Supremo, o poder de decidir o que será decidido é alocado de maneira descentralizada. No caso das decisões monocráticas, seja da presidência, seja do relator do processo, a regra é simples: o relator ou o presidente decidem quando quiserem, se quiserem. No caso dos colegiados — plenário, plenário virtual e turma —, a questão é mais complexa. Primeiro, porque é preciso distinguir entre a *inclusão na pauta* (incluir o processo em uma lista de casos que *podem* ser chamados em uma dada sessão) e o *início do julgamento* de fato. Essa distinção não se aplica no caso do plenário virtual — não existe a inclusão de um processo em pauta sem que isso já implique o início do julgamento, como veremos a seguir. No entanto, ela é fundamental para compreender a dinâmica das turmas e do plenário presencial.

Segundo, nos três colegiados, as decisões sobre a pauta *não* são tomadas colegiadamente. No plenário, no plenário virtual e nas turmas os processos são decididos por maioria — mas a decisão quanto a qual processo será objeto de decisão em cada sessão não é majoritária. Essa decisão resulta apenas da interação entre dois atores: o presidente e o relator. No plenário e nas turmas, o *relator* do caso tem o poder exclusivo de decidir quando um processo está pronto para julgamento. Simples assim. Definido em princípio por sorteio, o relator é responsável pela condução do processo desde seu ingresso no tribunal até que esteja maduro — com toda a documentação, as provas, um relatório dos fatos e um voto elaborado pelo relator — para julgamento pelo colegiado. Só o relator pode definir quando um caso está pronto para julgamento. Não existe mecanismo formal para forçá-lo.

O poder dos relatores é enorme. Podem adotar os critérios próprios para gerir os processos de seus gabinetes — por exemplo, ao priorizar processos mais antigos, ou que envolvam matéria penal, ou que, imaginam, terão grande impacto sobre processos nas instâncias inferiores. Além disso, como apontou Nelson Jobim, o relator pode ser convencido por um advogado de uma das partes de que o caso está pronto para julgamento e deve ser levado para o colegiado quanto antes. É possível que diferentes relatores se comportem de forma parecida, uma vez que não é raro novos ministros do STF "herdarem" os assessores e os técnicos do gabinete do antecessor; além disso, assessores podem circular entre os gabinetes ao longo dos anos, em posições diferentes. Essa burocracia compartilhada pode contribuir para uniformizar os critérios adotados pelos diferentes ministros, mas apenas em parte: a decisão de liberar para a pauta e os critérios que a informam são determinados exclusivamente pelo relator do caso.

Os critérios dos relatores para pautar ou não processos podem ser tão variados quanto a experiência profissional, a visão sobre o Direito e as diferentes perspectivas dos assessores de cada gabinete. Entrevistando ministros, ex-ministros, assessores, ex-assessores do Supremo, o professor de Direito Luiz Fernando Gomes Esteves identificou dezenas de critérios potencialmente relevantes para a decisão de quais casos devem ser priorizados: o número de entidades da sociedade civil apresentando memoriais no caso, como *amicus curiae* ("amigos da corte"); a cobertura da imprensa; a atuação dos advogados e do Ministério Público; o impacto do processo sobre outros recursos que aguardam resolução; a relevância do tema jurídico; a especialização ou proximidade do ministro específico com aquela área do Direito. Esteves observou, porém, que não é possível saber exatamente qual o peso dessas diferentes considerações em diferentes gabinetes. É um espaço de grande liberdade, pautado por inúmeros critérios possíveis.

É preciso, no entanto, inverter a questão: que razões um relator teria para *não* liberar para julgamento um processo que ele considera maduro? A outra face do poder de pautar quando quiser é o poder de *não pautar*, mantendo um caso fora do alcance dos colegiados. Aqui, costumam aparecer dois tipos de preocupação sobre o momento de julgar um processo, que podem ser distintos do mérito jurídico do caso. Primeiro, o relator pode considerar que, embora o caso esteja maduro para julgamento, o *tribunal ainda não está pronto para o caso* (isto é, os colegas não terão naquele momento a visão sobre o tema que ele considera correta). Segundo, pode considerar que *o país ainda não está pronto para que o tribunal decida sobre aquele tema*. No primeiro caso, o relator adia o julgamento por considerar que, se o caso fosse decidido naquele momento, sua posição não prevaleceria no colegiado. No segundo, opta por não decidir em um dado momento por considerar que a repercussão pública e política — sobre ele, individualmente, ou talvez sobre o tribunal como um todo — seria negativa demais.

Relatores podem então usar seu poder de agenda para garantir que o ponto de vista que defendem prevaleça, assim como para evitar consequências políticas em momentos inconvenientes ou até perigosos para eles próprios ou para o tribunal. Temos inclusive casos em que os ministros revelam ter pensado assim. Foi o que ocorreu com o julgamento da "Anencefalia" (ADPF 54), em que o STF decidiu (por oito a três) que o crime de aborto, previsto no Código Penal, não poderia ser aplicado no caso da interrupção da gravidez de fetos com anencefalia. O caso chegou ao tribunal em 2004, mas só foi decidido em 2010. Ainda em 2004, o ministro Marco Aurélio concedeu uma medida liminar monocrática autorizando a interrupção da gravidez em casos de anencefalia. Submetida ao plenário no mesmo ano, a medida liminar de Aurélio foi derrubada por dez votos a um. Por que tanto tempo se passou até a decisão final, seis anos depois? Segundo o próprio ministro Marco Aurélio, em entrevista ao projeto História Oral do STF:

Fui relator do processo relativo à anencefalia (...). Em julho de certo ano, não sei se de 2004, implementei liminar. Devia ser ato do plenário, mas estávamos em mês de férias. Abertos os trabalhos do semestre judiciário, submeti o ato a referendo do Colegiado, no que afastara a glosa penal quanto à parturiente e àqueles que auxiliassem na interrupção da gravidez. O Tribunal resolveu estancar a eficácia da medida de urgência e a corrente majoritária contou com o voto da única mulher integrante do Colegiado. Deixei o processo, realmente, numa prateleira, porque era um processo objetivo, não envolvia partes, visava fixar uma tese. Constatei que o Tribunal não estava disposto a enfrentar o tema de fundo. Quando, três anos após, assentou a possibilidade de ter-se pesquisas com células-tronco, embora por escore apertado — seis a cinco, maioria de um voto —, concluí que era oportuno preparar o processo para julgamento. Após audiência pública, na qual ouvi os mais diversos segmentos da sociedade, levei-o ao Colegiado e a maioria admitiu a interrupção da gravidez, sem o receio da glosa penal.[53]

A entrevista não deixa dúvidas sobre o raciocínio do ministro: após perder na primeira rodada de decisão colegiada (quando sua liminar foi revogada, contra seu solitário voto vencido), o relator sentiu que perderia no mérito. Pacientemente, aguardou a passagem dos anos para liberar o processo para julgamento definitivo. O tempo pode mudar a jurisprudência no Supremo de ao menos duas maneiras: os ministros podem mudar de visão sobre o tema ou o tribunal pode mudar de ministros. No caso, as duas coisas podem ter se combinado, ou ao menos foi o que pensou o relator, ao sentir uma posição mais progressista dos colegas em 2008, no julgamento sobre pesquisa com células-tronco de embriões inviáveis. Esperou anos, até sentir que os tempos eram outros, que os ministros eram outros e que, portanto, o resultado do julgamento sobre a anencefalia seria outro.

Relatores podem, assim, usar seu poder de agenda para aumentar as chances de vitória. Mas podem ter outras razões para adiar um julgamento. Podem considerar que a decisão não encontraria terreno favorável fora do tribunal, seja na opinião pública, seja no âmbito dos outros poderes, ou de instituições para quem a decisão possa ser relevante. A mesma decisão do Supremo, tomada em momentos diferentes, pode atrair reações públicas diferentes — pode ser celebrada, contestada e até atacada. A decisão certa no momento errado pode acabar sendo, enfim, a decisão errada, em termos de suas consequências para o relator e para o tribunal.

Em janeiro de 2020, o ministro Fux suspendeu, por liminar monocrática e sem prazo definido, a implementação da chamada "Lei do Juiz de Garantias". Essa lei tornava obrigatório designar em cada processo penal um juiz só para conduzir a produção de provas e outro para decidir o mérito do caso. Aprovada na esteira de críticas aos procedimentos adotados na Operação Lava Jato e bastante discutida no Congresso e na comunidade jurídica em geral, havia grande expectativa em torno dessa lei. Um ano e meio depois da suspensão por liminar, o ministro Fux foi indagado em entrevista se já não seria hora de liberar o tema para decisão do colegiado. Em resposta, Fux apontou que uma reforma no prazo de implementação da lei já vinha sendo gestada no Congresso e seria melhor aguardar o desfecho dessa discussão. Cabe perguntar se essa justificativa valeria para o ano e meio que já havia se passado, sem que o caso tivesse sido liberado para julgamento.

Em março de 2017, a ministra Rosa Weber se tornou relatora de uma ação na qual pedia ao Supremo que considerasse inconstitucional a proibição do aborto, dentro de certas condições, como garantia dos direitos reprodutivos das mulheres. A relatora convocou audiência pública para ouvir especialistas e representantes da sociedade civil sobre diversos aspectos do tema. Na abertura da audiência, realizada em agosto de 2018, a ministra observou que, se provocado, o STF deve se manifestar, e que "toda lesão e ameaça a direito merecerá uma resposta" do Judiciário — conceito derivado da inércia judicial e que indica que, uma vez acionado, o tribunal não tem escolha senão intervir. Na prática, porém, como já vimos, o tribunal só pode atuar quando — ou melhor, *se* — o relator do caso liberar o colegiado para decidir.

No momento em que concluo este livro, quase cinco anos se passaram desde a audiência pública. As eleições de 2018 colocaram no Congresso uma maioria conservadora e, na Presidência, Jair Bolsonaro, abertamente hostil à pauta do aborto e a outros temas relativos às liberdades sexuais e reprodutivas. Decidir esse tema naquele momento significaria encorajar ainda mais ataques ao tribunal, em um cenário em que o presidente da República transformaria cada vez mais o Supremo em um alvo para todos os seus seguidores.

É bastante plausível imaginar que esse cenário de grande mobilização conservadora, inclusive de extremistas, contra o próprio Supremo, fosse também afetar o voto de alguns ministros, caso se vissem forçados a decidir a questão.

Mesmo com a saída de Bolsonaro, o novo Congresso eleito em 2022 continua profundamente conservador. É plausível imaginar que esse cenário tenha afetado o cálculo da relatora Rosa Weber sobre a liberação da questão para julgamento. Considerando que houve uma audiência pública convocada para decidir o tema, é difícil imaginar outra explicação para esse hiato de anos que não inclua uma leitura do cenário político por parte da ministra. Contudo, se reconhecemos a importância do tema para a relatora, podemos também presumir que, qualquer que seja o contexto fora do tribunal, a ministra (que se tornou presidente do Supremo em setembro de 2022) não deixará de pautar o caso antes de sua aposentadoria, prevista para outubro de 2023. No caso, o poder de agenda da relatora-presidente será usado para determinar *quando*, não *se* o tribunal julgará a questão.

Note-se que reconhecer a possibilidade de que relatores pensem assim não significa defender que *devam* pensar assim. Nosso objetivo aqui é entender como funciona de fato a agenda do STF. Temos suficientes estudos sobre o Supremo e outros tribunais, incluindo falas de ministros e ex-ministros, para considerar que um Tribunal Constitucional possivelmente usará seu poder de agenda a partir de considerações como as descritas acima. Você pode não concordar com a forma com que o relator de um determinado processo usou esse poder, mas essa é uma outra questão.

Os relatores não são os únicos senhores do tempo no Supremo. Dividem esse poder com o presidente do tribunal. Se o poder do relator é o de *liberar* o caso para inclusão em pauta, o do presidente é o de trazê-lo para julgamento — incluindo-o na pauta e, depois, chamando-o para ser decidido em sessão do plenário ou de turma. Na situação da ADPF da anencefalia, o ministro Marco Aurélio tomou a decisão de liberar o tema para julgamento em 28 de fevereiro de 2011. O julgamento, porém, só se iniciou de fato no dia 11 de abril de 2012. Mais de um ano se passou após liberação para pauta. Se os relatores dos casos da "Lei do Juiz de Garantias" e da ADPF sobre Aborto, Fux e Weber, os liberarem para inclusão em pauta, não é garantia de que o julgamento ocorrerá imediatamente. Esse hiato é a expressão do duplo poder de agenda do presidente da corte: a decisão de incluir (ou não) um processo em pauta e a decisão de chamar (ou não), durante a sessão, um processo que está na pauta. Em alguns casos, relatores se tornam presidentes do Supremo, concentrando, assim, todos esses poderes (liberar para pauta, incluir na pauta e chamar o caso na sessão).

Na média, em uma semana qualquer, o plenário do Supremo (I) tem mais de setecentos processos liberados para julgamento, (II) conta com cerca de vinte processos na pauta oficial e (III) chama dois ou três processos para julgamento de fato, por sessão. Os casos que você vê na TV Justiça são "sortudos": dentre dezenas de milhares de processos tramitando, foram liberados para inclusão em pauta pelos relatores; dentre as centenas de casos liberados para pauta, foram selecionados pelo presidente; dentre uma ou duas dúzias de casos na pauta, foram afinal chamados para julgamento. Além disso, os casos inclusos na pauta, mas não chamados na sessão, não têm prioridade de julgamento em sessões futuras. Como regra geral, retornam à estaca zero, na sala de espera com centenas de outros processos liberados para inclusão. Isso ocorre geralmente sem qualquer justificativa, ou estimativa de nova inclusão em pauta no futuro, o que o professor de Direito Fernando Leal chamou de "a dança da pauta no Supremo".[54] Em 2017, o plenário do STF decidiu cerca de 1,7 caso por sessão.[55] O gargalo dos colegiados do tribunal é impiedoso: ainda que o tribunal quisesse, levaria anos para decidir todos os casos que aguardam ingresso na pauta.

O plenário virtual

O cenário descrito até aqui sofreu profundas transformações a partir de 2020. Com a pandemia de Covid-19, o Supremo precisou expandir mecanismos de tomada de decisão não presencial. Passou a realizar remotamente as sessões de julgamento das turmas e do plenário e ampliou a competência do plenário virtual. Ao contrário das turmas e do plenário "real", o PV não inclui interação em tempo real entre os ministros. É uma plataforma on-line na qual os ministros fazem *upload* de seus votos dentro de um prazo previsto no regimento; passado esse prazo, os votos são computados e proclama-se o resultado. Não há debate, não há apartes e, embora possa em tese haver mudança de voto dentro do prazo (um ministro poderia enviar um novo arquivo com um novo voto, por exemplo), essa é uma possibilidade muito remota. Além disso, não há ordem de votação após o voto do relator — geralmente dentro de um prazo de cinco dias, todos os ministros podem submeter seus votos quando quiserem.

O PV é completamente diferente, portanto, do que vemos na TV Justiça. É diferente inclusive das sessões remotas do plenário físico, em que os ministros estão todos reunidos a distância, mas *em tempo real* para discutir e decidir um tema. O termo "virtual" contribuiu para confundir o público na cobertura jornalística sobre o STF durante a pandemia. Afinal, o plenário "real" também se reúne por meios virtuais, sem presença física dos ministros. Não obstante, apesar da expressão "plenário" em comum, o PV e o plenário (ainda que em uma sessão remota, e não presencial) são contextos decisórios completamente distintos.

Antes da pandemia, o PV tinha competências bastante limitadas. Servia basicamente para os ministros decidirem, dizendo apenas "sim" ou "não", se haveria ou não questão constitucional e repercussão geral em um dado recurso. Contudo, em 2020, uma resolução do presidente Dias Toffoli tornou o PV idêntico ao plenário em termos de competência. A questão passou a ser se um dado caso deve ser julgado no plenário "real" ou no plenário virtual. Entretanto, quem faz essa escolha? Ao contrário do que ocorre na turma e no plenário, no PV o relator pode iniciar o julgamento sem passar pelo crivo do presidente — ou seja, inicia o julgamento quando quiser! Essa mudança teve enorme impacto na dinâmica interna do STF. Agora, se um relator não quiser mais aguardar a bênção do presidente, ou não quiser competir com centenas de outros processos por espaço na pauta dos colegiados, basta iniciar o julgamento no PV. O poder de agenda do presidente foi reduzido com a expansão do PV. Da mesma forma, cresceu a responsabilidade dos relatores por eventuais atrasos nos seus processos. Agora, qualquer relator pode, em princípio, pautar qualquer caso para julgamento pelo PV. Se você se interessa por um processo específico esperando uma decisão do Supremo, pode perguntar ao relator por que ainda não o colocou em julgamento no PV. Não existe mais a saída fácil de colocar a culpa no presidente ou na escassez do tempo do plenário.

O poder de agenda dos outros: pedidos de vista e de destaque

Até aqui, falamos do poder de relatores, dos presidentes do STF e das turmas para definir quando um julgamento *começa*. Isso, porém, não quer dizer que o julgamento iniciado vá ser concluído. A decisão de iniciar o julgamento pode ser modulada e até bloqueada pela ação de outros ministros. O Supremo é um tribunal em que o poder de agenda é radicalmente descentralizado — não no sentido de que todos os ministros têm o mesmo poder de definir a agenda, mas de que todo ministro tem à disposição algum tipo de poder de influenciar a agenda. Embora o relator e o presidente tenham poderes *positivos* sobre a agenda — isto é, escolher o que será decidido —, todo ministro tem poderes *negativos* sobre ela — isto é, impedir que algo seja decidido e definir quando o tema poderá ser retomado. Todo ministro do Supremo, relator ou não, tem certos poderes de *veto* sobre a agenda.

No PV, como vimos, o início do julgamento depende apenas do relator. Contudo, pelo regimento do Supremo, todo e qualquer ministro pode pedir *destaque* de um caso cujo julgamento tenha se iniciado no PV. O destaque tem o efeito de transferir o julgamento do PV para o plenário ou para uma das turmas, ou seja, todo e qualquer ministro pode neutralizar o poder do relator de começar a julgar um de seus casos no PV. O destaque em si não impede o julgamento dali em diante, é verdade, mas só o fato de jogar para o plenário físico já mitiga o poder do relator — afinal, como vimos, uma vez na turma ou no plenário, o processo só será chamado a julgamento se o presidente assim o decidir. O destaque tem, ainda, o efeito de desconsiderar os votos já dados no PV até aquele momento (exceto no caso de votos dados por ministros já aposentados). Com isso, os ministros que já tiverem votado no PV precisarão votar novamente no plenário. Qualquer parte do processo pode também pedir destaque, mas, nesse caso, ele precisa ser aprovado pelo relator antes de ter efeito. Só o destaque feito por um ministro pode neutralizar o poder de agenda do relator no PV.

O outro mecanismo de agenda que todo ministro tem à disposição é o famoso pedido de vista, ironicamente chamado de "perdido de vista" por advogados e até ministros. Em qualquer tribunal brasileiro, um integrante de um órgão colegiado tem a prerrogativa de "pedir vista" de um processo, para se inteirar melhor dos fatos e argumentos antes de decidir. Esse mecanismo faz sentido por dois motivos. Primeiro, porque no modelo decisório típico do nosso Judiciário o relator anuncia seu voto em público, na sessão aberta, seguido do voto sequencial dos colegas. Os ministros ficam sabendo dos votos uns dos outros no mesmo momento em que todos nós; se um juiz apresentar argumentos inteiramente inéditos, os colegas precisam pensar a respeito e reagir até o fim daquela sessão (a não ser que peçam vista). Segundo, quando os autos eram físicos e não eletrônicos, era mais difícil que vários ministros pudessem estudar o processo ao mesmo tempo. A "vista" de um processo com vários volumes e documentos por um ministro acabava excluindo a de outros. Nesse cenário, faz sentido que cada integrante do colegiado possa pedir mais tempo para, diante de um novo argumento, analisar o caso com mais calma e refletir sobre a melhor decisão.

Faz sentido, se o prazo for razoável. O poder de pedir vista deve servir para decidir melhor, não para não decidir. Entretanto, no Supremo, pode ser usado exatamente para evitar uma decisão. O regimento do tribunal sempre previu um prazo para as vistas, em geral entre dez dias e um mês. Como vimos acima, porém, respeitar prazos não é o forte do Supremo. Não há autoridade externa capaz de forçar um ministro a devolver os autos para julgamento após o fim do prazo regimental para a vista (e, até recentemente, como veremos adiante, não havia mecanismo interno do tribunal para forçar o caso a ser julgado após o prazo da vista ter expirado).

Não surpreende que muitos pedidos de vista sejam, de fato, *perdidos* de vista. O III relatório do projeto Supremo em Números, publicado em 2014, analisou todos os pedidos de vista encontrados na base de processos do STF entre 1988 e 2013.[56] As vistas são eventos raros, que ocorrem em menos de 3% dos processos julgados. Mas também é incomum que um pedido de vista seja devolvido dentro do prazo. Os autores do estudo observam que apenas um em cada cinco pedidos foi devolvido em menos de trinta dias (prazo máximo, já bastante arredondado para cima, para contemplar as diferentes regras regimentais sobre o tema). A duração média dos pedidos de vista devolvidos em menos de trinta dias era de quinze dias; em contrapartida, a duração média das vistas devolvidas fora do prazo era de 443 dias — mais de um ano e cerca de quinze vezes a duração regimental. Mais ainda, no momento de fechamento do estudo (dezembro de 2013), as 124 vistas ainda em aberto tinham duração média de inacreditáveis 1.095 dias.

Essa última média pode esconder problemas ainda maiores. Inclui pedidos de vista que já duravam mais de dez anos no momento do estudo. Nesse pequeno, mas relevante conjunto de casos, ministros impediam a conclusão do julgamento por mais de uma década. Um mecanismo criado para que todos os ministros possam decidir melhor virou um mecanismo para qualquer ministro impedir o tribunal de decidir. A ausência de qualquer limite institucional transformou o pedido de vista em verdadeiro poder de veto.[57] É possível criticar e cobrar um ministro, dentro e fora do tribunal, para que devolva um caso com vista. Este, porém, é um limite informal, cuja eficácia dependerá das características do caso, do perfil e das prioridades do ministro e da conjuntura política. Não é uma saída institucional para o problema.

Para piorar, é possível haver pedidos de vista de longa duração mesmo quando o tribunal já formou maioria. Foi o que aconteceu com o pedido de vista do ministro Gilmar Mendes no caso sobre a constitucionalidade do financiamento de campanha por empresas. O tribunal começou a decidir o caso em 2014. Mendes, que era notoriamente contrário à proibição do financiamento por empresas, pediu vista. Antes disso, porém, talvez imaginando que aquele pedido de vista poderia levar mais do que algumas semanas, diversos ministros anteciparam seus votos. Formou-se maioria de seis votos pela proibição das contribuições eleitorais por pessoas jurídicas. Mendes só devolveu os autos mais de um ano depois, quando as eleições de 2014 já tinham passado. Nesse período, sofreu crescente pressão do público, em jornais, em manifestações e em redes sociais para devolver os autos (a hashtag *#devolvegilmar* se tornou bastante popular nas redes, e o ministro foi recebido em uma palestra com um bolo em comemoração ao aniversário do pedido de vista). Ao mesmo tempo, porém, deu declarações públicas deixando claro que estava segurando o caso por considerar que não seria bom para o país decidir o tema naquele momento. Esse caso evidencia não só que um ministro sozinho é capaz de usar um pedido de vista para deliberadamente impedir uma decisão do tribunal (impactando, assim, o desenrolar da política fora do Supremo), como também que a eventual pressão pública para que se cumpram os prazos regimentais tem efeitos limitados.

O HC de Lula alegando a suspeição do juiz Sergio Moro fornece outro exemplo do impacto que vistas podem ter na agenda do tribunal. Um pedido de vista do ministro Gilmar Mendes fez com que a decisão ocorresse em um cenário muito distinto do original, com prováveis impactos no desfecho do julgamento. A defesa do ex-presidente havia entrado com o pedido de HC em novembro de 2018 com o argumento de que determinados episódios haviam demonstrado a parcialidade de Moro no processo. Em dezembro de 2018, a Segunda Turma do STF, composta de cinco ministros, começou a julgar esse HC. Os ministros Fachin e Cármen Lúcia votaram contra o pedido de anulação de decisões de Sergio Moro. Na mesma sessão, o ministro Gilmar Mendes pediu vista.

Em junho de 2019, começaram as revelações da chamada "Vaza Jato". Trata-se de um conjunto de mensagens do Telegram — obtidas ilegalmente de membros do Ministério Público por ação de um hacker, mas divulgadas legalmente por *The Intercept* — que apontam ter havido coordenação indevida entre o juiz Sergio Moro e os procuradores do caso, ensejando sua suspeição. A "Vaza Jato" não existia seis meses antes, quando Mendes pediu vista. Em meio à comoção causada pelas reportagens do *Intercept*, Mendes ensaiou devolver o caso para julgamento, mas acabou pedindo a retirada de pauta. Só veio de fato a fazê-lo em abril de 2021, quase três anos depois de ter pedido vista dos autos, quando o cenário político e a percepção pública em torno da figura de Sergio Moro tinham se alterado significativamente.

Mais ainda, a própria composição da Segunda Turma já tinha se transformado, com a entrada de Nunes Marques na vaga de Celso de Mello (aposentado compulsoriamente em novembro de 2020). No julgamento de 2021, Mendes prevaleceu afirmando a suspeição por três votos a dois. É impossível ter certeza de qual teria sido o resultado se o caso tivesse sido julgado de acordo com o prazo regimental formal, cerca de um mês após o pedido de vista ter sido feito no primeiro semestre de 2019. O exemplo, no entanto, ilustra como o pedido de vista sem prazo e sem controle dá a cada ministro o poder de escolher o melhor momento — e talvez um tribunal mais favorável, conforme a composição do colegiado se altera — para decidir determinado caso.

Pedidos de vista também podem ocorrer no plenário virtual, com um detalhe: quem pediu a vista escolhe, no ato da devolução, se deseja que o julgamento prossiga no próprio PV ou no plenário "real". Note-se que, caso o ministro decida devolver o pedido de vista no plenário "real", volta-se praticamente à estaca zero. O presidente do colegiado precisa então escolher se e quando incluirá o caso na pauta e se e quando o chamará para julgamento. Cria-se aqui um espaço adicional para cálculo do ministro que devolve a vista: quero que o julgamento continue de fato, no PV, ou prefiro que a responsabilidade por essa escolha fique nas mãos do presidente? Mais uma vez, não há limite ou critério. Quem pediu a vista no PV define, sozinho, se, quando e onde devolvê-la.

"Por que agora?"

O cenário descrito até aqui levou tempo para ser adequadamente mapeado no debate público brasileiro. Durante muitos anos, convivemos com ministros do Supremo exercendo grande poder decisório individual sobre a agenda do tribunal, seja como relatores e presidentes, seja como juízes pedindo vista. Ao longo da última década, duas coisas ficaram claras sobre esse individualismo no funcionamento do Supremo. Primeira, que as vistas expressavam um poder de veto virtualmente sem limites — enquanto resistir às eventuais críticas públicas, um ministro pode manter um processo fora da deliberação dos colegiados de modo indefinido. Durante toda a história do Supremo, e até a redação final deste livro, não havia mecanismo para forçar o retorno do caso após o prazo regimental da vista expirar; tudo dependia da virtude individual dos ministros em recorrer ou não a esse expediente de obstrução. Segunda, ao controlarem as oportunidades que os colegiados têm para avaliar suas decisões liminares monocráticas, relatores poderiam efetivamente usar seus poderes de agenda para decidir sozinhos qualquer tema — quando quiserem, como quiserem. Bastaria apenas nunca levar a decisão para ser referendada pelo plenário ou pelas turmas. Se o colegiado nunca tiver a chance de se pronunciar, o relator nunca correrá o risco de ver sua decisão reformada.

Leandro Molhano Ribeiro e eu descrevemos esse cenário como "ministrocracia": um tribunal em que ministros individuais têm prerrogativas para intervir na política fora do tribunal, sem controle prévio efetivo pelos colegiados da instituição. Trata-se de um arranjo injustificável do ponto de vista de qualquer teoria constitucional ou democrática. Um único ministro, indicado por um presidente, pode tanto decidir sozinho qualquer tema (se for o relator, antes de o julgamento no colegiado começar) quanto impedir uma decisão em qualquer tema (pedindo vista no processo cujo julgamento já tiver sido iniciado).[58]

Ao longo do tempo, ficou claro que esses enormes poderes individuais de decisão e de agenda têm custos para o tribunal. Um tribunal que decide o que quer, quando quer, não consegue convencer as pessoas de que está de fato sujeito ao Direito. Esse é um problema estrutural do Supremo. O tribunal não consegue crivelmente afirmar que está sujeito a limites e que não está utilizando critérios de conveniência política (ou até mesmo de deliberada estratégia) na escolha do que decidir e quando decidir. Qualquer decisão que o Supremo tome hoje em um caso de alta voltagem política — qualquer liminar liberada ou não para o plenário, qualquer pedido de vista que se devolva, qualquer decisão monocrática de "urgência" em vez de aguardar o colegiado —, inevitavelmente provocará nas pessoas a pergunta "Por que agora?".

Em um tribunal sem limites, amarras ou critérios claros para explicar sua agenda, a dúvida se tornou permanente. Em muitos casos, a suspeita quanto às razões extrajurídicas do *timing* das decisões monocráticas tem peso indiscutível. Sua onipresença é um sério desafio para os ministros do Supremo. O problema é mais amplo que um atraso estratégico pontual em algumas decisões importantes. Ele está na dificuldade de confiar em qualquer explicação, em qualquer caso, vinda de um tribunal que decide livremente sua agenda. O passivo de milhares de processos não afeta a liberdade dos ministros de escolher o que querem priorizar e o que deixarão na gaveta. Ao contrário, o grande número de processos serve como álibi permanente: afinal, se há tantos processos para serem decididos, por que deveríamos priorizar *este*? Sempre haverá centenas de casos relevantes para escolher, no lugar de um que seja relevante, mas inconveniente. Sempre haverá álibis — mas, verdadeiros ou não, dificilmente serão convincentes no contexto atual do Supremo.

A falta de regras, prazos e critérios dá poder aos ministros, mas a um preço alto. Abre espaço, na formação da pauta do tribunal, tanto para comportamento político dos ministros quanto para leituras políticas, pelo público, inclusive de comportamentos justificáveis dentro das regras. Casos julgados muito rapidamente despertarão suspeitas. Será para favorecer algum ator político, ou mandar recados para o governo, ou criar um fato consumado antes das eleições? Casos que demoram para ser julgados, também. Será que estão com medo das reações públicas, ou de atores políticos relevantes? Será que estão deixando espaço para o Congresso chegar a uma solução negociada para a questão? Será que um dos ministros está manipulando a pauta para evitar ser derrotado?

Se o tribunal estivesse limitado de alguma forma coerente — por exemplo, com prazos claros —, perderia liberdade, mas ganharia muito na relação com a sociedade. Minaria as dúvidas acima e reduziria a credibilidade de leituras politizantes do comportamento de seus ministros. Sem qualquer limite, porém, os ministros não podem fazer isso. O preço da liberdade do Supremo é a eterna desconfiança pública quanto à formação da pauta.

Um passo importante para começarmos a resolver esse dilema veio em dezembro de 2022, dias antes do fim do ano judicial, sob a presidência de Rosa Weber. A Emenda Regimental 58/2022, aprovada por unanimidade pelos ministros, introduziu no regimento do Supremo várias mudanças importantes, com o potencial de limitar o abuso de poderes individuais e o impacto sobre a pauta do tribunal. Duas são especialmente relevantes para nossos fins. Primeiro, a Resolução estabelece que, após o prazo de noventa dias, pedidos de vista serão automaticamente liberados para julgamento. Essa solução é engenhosa, pois não depende da intervenção de nenhum outro ator dentro do tribunal: uma vez atingido o prazo, o processo será considerado apto a inclusão na pauta do colegiado. Caberá então ao presidente (não mais ao ministro que pediu vista) decidir quando a questão voltará a ser discutida em uma sessão específica.

Segundo, a resolução determina que toda decisão liminar monocrática impondo medida que possa causar dano a direitos (por exemplo, a suspensão de um político do cargo, ou a suspensão da execução de uma lei aprovada pelo Congresso) precisa ser imediatamente liberada para apreciação em um dos colegiados da instituição. Com isso, procura-se eliminar o poder dos relatores de impedir que os colegas se pronunciem sobre sua decisão individual. No caso de um pedido de vista, o mecanismo de submissão automático é decisivo: ninguém precisa assumir o ônus de decidir o que fazer com uma vista expirada, que será automaticamente liberada. O relator pode apenas escolher se ela será liberada para o plenário síncrono ou para o PV. No caso das liminares monocráticas, porém, a resolução é menos clara. Ainda parece haver algum espaço para o relator atrasar a liberação para o colegiado.

As reformas são bem-vindas. Tocam no ponto mais injustificável do desenho do Supremo: o poder de seus ministros de, sozinhos, decidirem e determinarem a pauta da instituição. Elas não garantem que o tribunal vá decidir mais rapidamente, nem ser mais transparente quanto aos critérios de formação da pauta. Mas transferem determinados poderes e responsabilidades de ministros individuais para o presidente do tribunal. Trata-se de um avanço em termos de transparência e institucionalidade. Em vez de responsabilidades múltiplas e descentralizadas, teremos um sistema em que o presidente da instituição se torna o ponto focal das decisões e das críticas que envolvem a nebulosa pauta da instituição. Não eliminam por completo o espaço para comportamento político e, por consequência, da percepção de politização na agenda do tribunal, mas mitigam o problema tornando a pauta menos refém da variação de planos, alinhamentos políticos e preferências individuais.

A má notícia é que, no momento em que concluo este livro, não podemos ter certeza de que a resolução vai "pegar". O Supremo tem um histórico ruim quando se trata de fazer seus ministros cumprirem regras, procedimentos e prazos contra a sua vontade (mesmo que essas regras tenham sido criadas pelo próprio tribunal, como é o caso dessa resolução). Os testes virão em casos de alta voltagem política, ou de grande impacto na conjuntura nacional, quando ministros se virem limitados pelo prazo de devolução de vistas. Se confrontarem os colegas com a alegação de que precisam de mais tempo para julgar o caso, é difícil imaginar que a regra será aplicada conforme o prazo regimental, ou que um relator não encontrará espaço para manter a decisão fora dos colegiados por algum tempo. Nesse sentido, o ano de 2023 terá sido decisivo. Será a oportunidade de a ministra Rosa Weber e do próximo presidente do Supremo, Luís Roberto Barroso, liderarem os colegas para institucionalizar e tornar rotineiro o cumprimento das novas regras — sem exceções. O tribunal estaria em posição de mais força para enfrentar críticas de politização da agenda se seus ministros, e a instituição em geral, renunciassem a quaisquer poderes absolutos na formação da pauta.

5. Por que tanta exposição?

O ministro Marco Aurélio talvez tenha sido a face pública mais visível do STF dos anos 1990 até sua aposentadoria, em 2020. Frasista de estilo característico, popularizou na comunidade jurídica bordões como "tempos estranhos" e "não tenho compromisso com meus erros". Dava frequentes entrevistas para TV, mídia impressa e rádio; escrevia textos de opinião em jornais; e frequentemente tinha suas observações fora das sessões reproduzidas em redes sociais. Em várias dessas manifestações, informava os leitores o que pensava sobre fatos políticos da conjuntura, sobre como andava o STF, sobre algum caso polêmico do momento, sobre o comportamento dos colegas. Numa entrevista de 2016, disse que, "como cidadão", esperava que os presidentes dos três poderes — Dilma

Rousseff, Eduardo Cunha e Renan Calheiros, naquele momento — renunciassem simultaneamente aos cargos para resolver a crise política. Em 2018, criticou em entrevista a presidente do STF, Cármen Lúcia, por ter "manobrado" para não pautar o caso da execução provisória da pena. Em 2022, em outra entrevista ao portal *Migalhas,* criticou o STF por ter "ressuscitado Lula" politicamente.

Querendo ou não, se você acompanhou o noticiário e as redes sociais nas últimas duas décadas, você teve de ouvir e ler opiniões do ministro Marco Aurélio sobre os mais variados assuntos — e muito além do Direito. Talvez nenhum ministro do STF tenha sido mais público — e mais conhecido do público em geral — do que ele. Contudo, embora seja um caso limite, Marco Aurélio não é o único ministro do Supremo nas últimas décadas a manter presença pública visível. Nem está tão distante em primeiro lugar na corrida por visibilidade em que vários de seus colegas de toga parecem engajados. Com Marco Aurélio aposentado, é provável que, em alguns anos, talvez já no momento em que você lê este livro, outros ministros tenham ocupado totalmente seu espaço na pauta nacional e no imaginário do país.

Ministros do Supremo são celebridades no Brasil de hoje. O que eles falam e fazem é notícia, independentemente do tema, apenas pelo fato de ser uma opinião de um integrante da mais alta corte do país. Essa onipresença não é resultado apenas da atenção do público, mas também construída pelos próprios ministros ao longo das últimas duas décadas. Muitos ministros da composição atual se colocam deliberadamente em posição de emitir opiniões públicas em variadas plataformas e variados contextos.

Em maio de 2023, no Twitter, os ministros Alexandre de Moraes (1 milhão de seguidores), André Mendonça (477 mil), Gilmar Mendes (513 mil) e Luís Roberto Barroso (418 mil) somavam milhões de seguidores. Segundo reportagem do site *Poder360*, ao longo de 2021, foram feitas 600 mil consultas no Google que envolviam nomes de ministros do STF; Moraes, Mendes e Barroso respondiam por 42% desse total (Mendonça ingressou na corte em dezembro de 2021).[59]

Essa presença pública deve ser interrogada, não normalizada. Ministros do Supremo não são lideranças políticas ou econômicas nem celebridades dos esportes, da música ou do entretenimento. Não são comentaristas políticos ou influenciadores digitais (embora alguns possam desejar ser uma ou ambas as coisas). Como juízes do mais alto tribunal do país, a exposição não é totalmente descabida. As expectativas, porém, são distintas das de outras autoridades públicas. Quantos brasileiros e brasileiras, sabendo nomear o prefeito da cidade e o governador do estado em que residem, saberiam também nomear o presidente do respectivo Tribunal de Justiça? Os ministros do Supremo parecem exceção dentro do próprio Brasil. É normal que juízes de tribunais superiores tenham esse tipo de exposição? É um traço saudável da nossa democracia?

Essas perguntas precisam ser colocadas no contexto global. É esperado e desejável que haja alguma atenção pública sobre quem exerça os poderes do Supremo. Se você abrir as páginas dos principais jornais em um dia aleatório no Brasil, é praticamente certo que encontrará alguma matéria sobre o tribunal ou seus ministros. Após os capítulos anteriores, podemos ver o motivo: um tribunal poderoso, independente e relevante para a política nacional será manchete, e merece ser manchete, quer queiram quer não seus integrantes. Esse padrão vai se repetir em qualquer país democrático em que haja instituições judiciais poderosas. Em uma democracia, o exercício do poder costuma e deve ser público. Seria ruim existirem instituições não eleitas que rotineiramente decidem questões importantes, mas não recebem atenção da imprensa nem atraem críticas e discussão pública. Quem tem poder relevante deve estar exposto e suas decisões devem ser objeto de escrutínio diário, na medida do impacto que exercem na vida das pessoas.

É assim na Argentina, é assim na Alemanha, nos EUA, na África do Sul e na Colômbia, entre outros. E, em todos esses países, com exceção dos EUA, o cenário era diferente havia algumas décadas — juízes constitucionais eram funcionários públicos anônimos, mas em boa medida porque tinham pouca relevância no cenário político nacional. Contudo, o quadro mudou. Hoje, seria injustificado se não pudéssemos saber quem são as pessoas que tomam decisões nos tribunais de cúpula nesses países, ou se a imprensa tratasse tais atos de poder como se não fossem produtos de ação, deliberação e escolhas humanas. Tribunais constitucionais não são oráculos, mas instituições estatais com pessoas de carne e osso que exercem grande poder sobre nós.

Nas democracias em que o Judiciário tem pouca relevância na atividade política, como na Holanda ou na Nova Zelândia, a imprensa e o debate público raramente tratam das atividades das cortes superiores. Alguns críticos afirmam que a centralidade de juízes na pauta política e no debate público é um sinal ruim para a democracia. Essa observação, porém, se refere a um possível poder excessivo dos tribunais em um regime democrático — não à atenção que a opinião pública dá a essas instituições. Tomando o poder dos tribunais como um fato, mesmo se o considerarmos excessivo, parece difícil negar que o exercício desse grande poder deve merecer nossa atenção e avaliação constante.

Tribunais precisam se comunicar com a sociedade, para além de suas decisões. Fazem isso com o conteúdo dos documentos produzidos por seus integrantes quando exercem a função judicial — "votos" e "decisões", no caso do STF. Em uma democracia de massa, porém, isso é pouco. Nem todo mundo tem o treinamento necessário para entender, a partir dos textos de suas decisões, o que se passa dentro do tribunal; elas são escritas em linguagem técnica e isso é, em alguma medida, esperado de uma instituição que precisa discutir e aplicar o Direito. Contudo, as audiências de um tribunal como o Supremo transcendem a comunidade jurídica, e o tribunal às vezes precisa falar sobre questões que vão além de suas decisões. Precisa prestar contas do seu funcionamento para todos os afetados por suas decisões, inclusive para os políticos. Conflitos institucionais também ocorrem no palco da opinião pública, e tribunais que só se comunicam com o público por meio de decisões oficiais deixam um vácuo potencialmente perigoso. Um tribunal que não procura anunciar e explicar suas decisões nos seus próprios termos, e em tempo hábil, está perdendo uma oportunidade de participar do debate público sobre o significado de sua atuação.

No governo Bolsonaro, por exemplo, o STF passou a publicar "checagens dos fatos" das afirmações do presidente sobre as decisões do tribunal. O setor de comunicação do tribunal contestou os fatos alegados em diversas assertivas presidenciais sobre as decisões do STF relativas à pandemia (Bolsonaro afirmava que o tribunal havia decidido que apenas governadores e prefeitos tinham responsabilidade de combater a pandemia, o que é falso). Talvez o uso desse mecanismo de checagem se torne menos necessário durante governos que não tenham a desinformação como componente central de sua estratégia e identidade. No entanto, é difícil imaginar o tribunal abandonando esse tipo de ferramenta de comunicação em uma democracia de massa às voltas com as transformações potencializadas por redes sociais. Da mesma forma, é impossível imaginar que as pessoas vão parar de consumir, produzir e circular memes, vídeos, notícias e até desinformação que envolvam o Supremo e seus juízes.

Portanto, é compreensível que o STF procure produzir informação sobre o seu funcionamento para além das falas institucionais de seus ministros. A TV Justiça, um canal oficial criado em 2002, cumpre papel importante nesse sentido. Embora mais conhecida pelas imagens das deliberações ao vivo no plenário, o canal tem uma programação variada voltada para informar a sociedade sobre temas ligados ao sistema de justiça. É parte de um ecossistema maior de comunicação do tribunal com a sociedade. Em 2005, o STF criou um canal no YouTube em que as sessões também passaram a ser disponibilizadas para acesso livre — a primeira iniciativa do gênero por um tribunal latino-americano. Até novembro de 2015, o canal do STF no YouTube teve cerca de 8 mil visitas por dia; em 2009, já era acessado diariamente por 15 mil pessoas, em média; até março de 2021, já tinha obtido 41 milhões de acessos e 363 mil seguidores. Vale notar que a disponibilização dessas imagens abriu espaço para que diversos atores sociais as utilizassem para a construção de outros materiais — jornalísticos, técnicos, didáticos e até humorísticos — sem qualquer controle ou edição por parte dos próprios ministros. Muitos dos memes que hoje circulam criticando ou celebrando ministros são construídos com imagens disponibilizadas pelo tribunal. São também resultado desse incomum grau de abertura pública do nosso Supremo.

O problema não é que o tribunal se comunique com a sociedade e ocupe espaço na pauta nacional, mas, sim, *como* essas coisas ocorrem. Vamos considerar o caso da Suprema Corte dos EUA. É difícil imaginar um tribunal mais politicamente relevante e mais minuciosamente discutido pelo público e pela imprensa. Se hoje estamos nos habituando às "dores de crescimento" de uma democracia em que o controle judicial de constitucionalidade é cada vez mais importante, os EUA vivem ininterruptamente essa experiência desde o século XIX. Casos importantes recebem extensa cobertura jornalística, não apenas dos veículos de alcance nacional, mas também em jornais locais. Não é surpresa, nesse cenário, que os rostos e os nomes de alguns juízes da Suprema Corte sejam conhecidos do público. Muitos aparecem como palestrantes em eventos acadêmicos ou formaturas de faculdades de Direito e junto a organizações da sociedade civil.

Mais ainda, alguns de seus integrantes chegam a se tornar de fato celebridades pop. A progressista Ruth Bader Ginsburg ("RBG", para milhões de fãs) e o conservador Antonin Scalia inspiraram uma ópera-cômica que tematizava a relação pessoal e profissional de ambos. Os dois juízes — opostos na orientação política e jurisprudencial, mas de longa convivência e enorme presença no imaginário popular — até escreveram textos para o libreto da peça. Scalia, falecido em 2016, era a principal voz do movimento jurídico conservador nos EUA. Palestrava com frequência e, ocasionalmente, dava entrevistas a redes de televisão sobre suas ideias. Por ocasião do lançamento de seu livro, em 2012, deu entrevistas para grandes canais como CBS e C-SPAN — vídeos que hoje estão disponíveis no YouTube com milhares de visualizações. Ginsburg, falecida em 2020, era um ícone da luta por igualdade de gênero e pelos direitos civis. Ganhou fama de durona e o apelido de "Notorious RBG" em paródia a um rapper famoso dos anos 1990, sendo o motivo de inúmeros memes e referências em programas de humor. Um filme sobre a vida e a carreira dessa juíza (*Suprema*, 2018) alcançou um público relevante em todo o mundo, faturando quase 40 milhões de dólares. Há um vídeo no YouTube em que Ginsburg, aos 85 anos, aparece de camiseta no programa do humorista Steven Colbert, fazendo exercícios com o apresentador ao som de música clássica (vale assistir: procure por "*Steven Colbert Works Out with Ruth Bader Ginsburg*").

Embora os casos de Ginsburg e Scalia possam parecer familiares para leitores e leitoras brasileiras, em comparação ao nosso Supremo, há nuances a serem consideradas. Em primeiro lugar, os dois casos acima são excepcionais no grau e tipo de exposição pública. Pontos fora de uma curva que é marcadamente mais discreta, tanto no nível da instituição quanto no de seus componentes individuais. A curva parece estar mudando nos últimos anos no sentido de mais exposição; por exemplo, a juíza Sonia Sotomayor também saiu em turnê para divulgar sua autobiografia, e chegou a aparecer em um episódio de *Vila Sésamo* tomando chá e arbitrando uma disputa entre os bonecos Bebê Urso e Cachinhos de Ouro. Contudo, a discrição ainda é a regra geral, no nível individual e no institucional. A Suprema Corte dos EUA não tem uma conta no Twitter (considerem que até mesmo a CIA — A Agência Central de Inteligência dos EUA — está presente na rede social, com uma conta oficial e verificada). Nosso Supremo tem conta oficial até mesmo na recém-chegada rede TikTok, com quase 80 mil seguidores. Nos EUA, nenhum dos ministros atuais tem uma conta pública no Instagram ou no Twitter (Ginsburg ou Scalia tampouco tinham contas públicas no Twitter).

Em 2016, durante a corrida eleitoral para a Presidência, Ginsburg afirmou em entrevistas ser "incapaz de imaginar o que seria do país com Trump como nosso presidente", e que seu falecido marido teria proposto que se mudassem para a Nova Zelândia. Entre outras críticas, manifestou indignação com a possibilidade de Trump não ser responsabilizado por se recusar a tornar pública sua declaração de imposto de renda. Foi a primeira vez na história que uma voz da Suprema Corte criticou na imprensa um candidato à Presidência.

Dois dos maiores jornais do país, o *Washington Post* e o *New York Times*, criticaram as manifestações de Ginsburg. Em resposta, a corte publicou nota oficial, em nome da própria Ginsburg, com um pedido de desculpas. Na nota, afirmando ter se arrependido pelos comentários inadequados, a juíza conclui: "Juízes deveriam evitar comentar sobre candidatos a cargos públicos. No futuro, serei mais circunspecta." O episódio e a reação pública e da própria juíza só confirmam que há uma linha clara que os juízes da Suprema Corte não devem cruzar quando falam sobre a conjuntura — Ginsburg confirmou a existência dessa linha ao reconhecer tê-la cruzado. "Circunspecção" pode parecer incompatível com a conduta de uma juíza que, aos 85 anos, apareceu fazendo flexões em um programa humorístico. No caso, porém, o problema não estava na exposição em si da juíza, mas no conteúdo (uma crítica política a um candidato) e no contexto de sua fala (a disputa eleitoral pela Presidência).

De fato, há maneiras e maneiras de um tribunal se comunicar. O problema do nosso Supremo não é estar exposto. O problema é que o tribunal e seus integrantes parecem adotar algumas das piores formas possíveis de exposição. O padrão de centralidade pública dos tribunais não é em si problemático, mas algumas variedades específicas de manifestação dessa centralidade podem, sim, ser patológicas. Isso acontece quando a exposição do Supremo ocorre de maneira: (I) *individual*, e não institucional; por (II) *opiniões informais*, e não nos autos dos processos submetidos ao Supremo ou em manifestações oficiais; e, por fim, (III) *ilegal*, em clara violação aos padrões de conduta exigidos de todos os outros juízes brasileiros.

Individualidade x institucionalidade

O primeiro ponto, a individualidade, já deve ser um velho conhecido dos leitores deste livro. É um dos traços mais distintivos do funcionamento do STF, em várias dimensões que abordamos em outros capítulos. Em outras democracias, não é comum que juízes constitucionais falem à imprensa em nome próprio, sobre o tribunal. O arranjo mais comum é que haja um juiz específico, tipicamente o presidente do tribunal (ou um outro porta-voz institucional), que atenda a demandas da imprensa por esclarecimentos. Quando a comunicação ocorre de maneira institucional, não se enviam sinais contraditórios sobre a posição do tribunal sobre uma questão. Quando ministros falam individualmente, as pessoas ficam sem saber qual a posição institucional sobre aquele tema. Para cada fala de um ministro, pode surgir uma fala contrária; para cada fala individual, fica a dúvida sobre qual posição vale.

Aqui é importante fazer uma distinção. Existem dois tipos de tema sobre os quais o STF deve se comunicar: questões institucionais, que não deveriam admitir divergência uma vez formada a posição do tribunal e que deveriam ser comunicadas oficialmente; e questões judiciais, com relação às quais a voz de cada ministro é importante e a divergência é bem-vinda e inevitável, desde que nos contextos decisórios formais do tribunal.

No caso do Brasil, a individualidade de comunicação sobre questões judiciais é, em alguma medida, inevitável. Isso se deve a duas características do nosso modelo de votação.

Primeiro, como vimos, no STF cada ministro assina seu voto individual. Cada um com voz, estilo e autoridade pessoais — em vez de um texto redigido coletivamente para representar a posição de vários ministros. Há vários países que adotam modelo semelhante (como a Suprema Corte da Inglaterra e a Suprema Corte de Israel). Além disso, como vimos, as deliberações entre ministros do STF são públicas e, desde 2002, transmitidas ao vivo. O Brasil e o México são os dois únicos países a adotar um modelo assim; outras cortes constitucionais deliberam longe dos olhos do público, que só tem acesso ao resultado dessas discussões. Nesse modelo, praticamente universal, sabemos aonde os ministros chegaram após interagirem, mas não os vemos interagir uns com os outros para chegar até ali.

No STF, vemos o percurso de cada ministro até que chegue à posição final — a interação com os colegas, eventuais mudanças de voto, hesitações e conflitos. Estamos acostumados a esse modelo, mas ele é polêmico dentro e fora do Brasil. Uma de suas implicações mais criticadas é que a deliberação pública e a divulgação das imagens pela TV estimulam a individualidade dos ministros e encorajam as pessoas a pensar no exercício da tarefa judicial como uma soma de posições individuais, de pessoas com trejeitos, estilos e preocupações distintos.

Para colocar em perspectiva a natureza da opção brasileira por deliberações judiciais *públicas e televisionadas*, considere que, em muitos países, a mera sugestão de televisionar qualquer parte do processo, mesmo excluindo a deliberação em si, já causa polêmica na comunidade jurídica. O ex-juiz da Suprema Corte dos EUA David Souter disse em depoimento no Congresso que câmeras só entrariam na sala de julgamento "por cima do meu cadáver" (sendo que a discussão era apenas sobre televisionar as sustentações orais, isto é, as falas dos advogados e as respostas às perguntas feitas pelos ministros, em sessões que já são públicas). A deliberação dos juízes da Suprema Corte norte-americana ocorre em uma sala fechada na qual nem mesmo assessores podem entrar. Não existe a menor possibilidade de se incluir na agenda nacional dos EUA a ideia de tornar público o momento da interação e deliberação dos juízes da Suprema Corte. Ela simplesmente não é cogitada, e nisso o tribunal norte-americano é representativo do que ocorre na maioria das democracias ocidentais.

No fundo, o ponto mais controverso é a simples publicidade das deliberações — e não o televisionamento, uma vez que já sejam públicas. Afinal, uma vez que as deliberações sejam públicas, cria-se um problema de acesso: quem pode acompanhar as sessões presencialmente? Apenas quem tiver tempo e recursos para se deslocar até Brasília, Cidade do México ou Washington? Nos EUA, se você quiser assistir às sustentações orais deve chegar cedo ao prédio da Suprema Corte, em Washington, e retirar uma das dezenas de senhas; em casos particularmente salientes, as pessoas começam a formar fila dias antes, como em um festival de música dos mais concorridos. Em um país em que as deliberações judiciais sempre foram públicas, como no Brasil, a ideia de televisioná-las é um passo relativamente menos sério. Mais do que isso, como o caso da sustentação oral nos EUA sugere, colocar câmeras para transmitir o que já seria público pode inclusive ser uma medida republicana e salutar. Se as deliberações já são públicas para algumas pessoas, por que não as tornar efetivamente públicas para todos e todas que quiserem vê-las?

No caso do Brasil, a criação da TV Justiça em 2002 foi abrupta, sem discussão pública ou entre os próprios integrantes do tribunal. Não houve grande controvérsia, apesar do ineditismo da medida. O maior promotor da ideia, ministro Marco Aurélio, veio a público justificar a inovação como medida de transparência com potenciais efeitos benéficos para a sociedade. Em artigo de jornal publicado na época, observou que "onde vier a ocorrer um julgamento do interesse da sociedade, poderemos ter uma publicidade maior, divulgando-o", afirmando que "a TV Justiça vai contribuir para essa maior transparência do Judiciário".

Após algumas críticas iniciais na imprensa (anônimas, como é comum que ministros façam quando criticam colegas para jornalistas), Marco Aurélio defendeu sua criação dizendo que "a TV Justiça deve servir como um '*Big Brother*' do Judiciário para que a sociedade possa ver com transparência o que acontece nos tribunais". A escolha da imagem é curiosa: "Big Brother", no caso, pode se referir tanto ao Estado de vigilância constante de um governo totalitário em *1984*, livro de George Orwell, quanto ao *reality show* em que anônimos competem por um prêmio enquanto são filmados em suas brigas, festas e polêmicas, isolados do mundo e forçados a conviver em uma casa. De lá para cá, esse segundo sentido da imagem se mostrou a imagem mais adequada.

Ministros sabem que as pessoas que os observam focam mais nos indivíduos do que no todo. Críticos argumentam que o processo se retroalimenta, numa espécie de círculo vicioso ou escalada do individualismo: ministros são vistos em sua "performance" individual enquanto discutem e votam, fazendo com que as pessoas pensem nas decisões nos termos dos indivíduos que as tomaram. Com isso, eles tenderiam a se comportar de forma deliberadamente voltada para os olhos do público — por exemplo, utilizando frases de efeito, sendo mais combativos nas discordâncias, insistindo nas posições para não aparecerem como derrotados ou menos preparados que os colegas, ou até mesmo disputando com os colegas em vez de tentar formar uma decisão comum.

O primeiro grande debate público sobre a TV Justiça ocorreu justamente após séria discussão entre ministros. Em abril de 2009, houve uma briga entre Gilmar Mendes e Joaquim Barbosa no plenário, diante das câmeras, em um julgamento de Embargos de Declaração. Entre as críticas trocadas, Mendes disse que Barbosa "não [*tinha*] condições de dar lição a ninguém" e estaria fazendo "populismo judicial"; Barbosa, por sua vez, afirmou que Mendes não estaria "falando com seus capangas de Mato Grosso". Diversos ministros tentaram acalmar os ânimos, inclusive o ministro Marco Aurélio — o criador da TV Justiça —, que recomendou ao presidente o encerramento da sessão, que estaria "descambando para um campo que não se coaduna com a liturgia do Supremo". O episódio foi coberto pela imprensa como uma "crise institucional", que demandou articulações internas para ser equacionada.

As manifestações dos ministros nas sessões, especialmente quando interagem, nem sempre estão à altura dos nossos ideais sobre como juízes deveriam se comportar. Em algumas situações, no passado, faltaram civilidade e substância e sobraram mordacidade e comentários ferinos, com ministros mais preocupados em se atacar do que em se fazer entender. Essas situações, felizmente, são raras. Um problema mais frequente é que se comportem nas sessões pensando em capturar para si as manchetes do dia seguinte — a melhor frase de efeito, o mais sonoro murro na mesa, a posição mais intransigente em contraste com o resto do grupo.

É preciso aceitar que, em algumas dimensões, a individualidade judicial está embutida nas normas de funcionamento do STF. Nas sessões da TV Justiça, os ministros serão invariavelmente percebidos na sua individualidade. Quanto a questões judiciais, o modelo brasileiro é individualista. Reformas para mudar isso seriam custosas, controversas e, na verdade, pouco factíveis. A publicidade das deliberações é, há mais de um século, uma tradição arraigada no Judiciário brasileiro. É irrealista imaginar que o STF poderia ser uma ilha de sigilo judicial em meio a esse cenário maior e consolidado de publicidade radical. No caso das questões institucionais, porém, a comunicação pode — e deve — ser expressa por uma voz única, centralizada na figura do presidente ou em notas oficiais. Nosso modelo de votação individual e deliberação pública é compatível com o silêncio dos ministros fora das sessões, deixando com que o esforço de informação, representação e até mesmo defesa da instituição fique nas mãos de seu presidente. O fato de que ministros possam se comunicar com o público individualmente sobre questões institucionais — e que o façam com tanta frequência — é uma das patologias evitáveis do caso brasileiro.

Decisões x opiniões fora dos autos

A exposição dos ministros do STF também é patológica quando ocorre por *opiniões informais*, não por votos ou decisões oficiais. Considere-se, por exemplo, o caso do ministro Gilmar Mendes, que por anos fez severas críticas a governos do PT. Em uma sessão do TSE, em 2015, afirmou que os governos do PT haviam transformado o país em "um sindicato de ladrões". Ali, porém, tratava-se de comentário feito no decorrer da leitura do voto, no contexto institucional do TSE. Situação distinta ocorreu em um evento da Fiesp, um mês depois, quando o ministro afirmou em sua palestra que a Lava Jato havia revelado "um modelo de governança corrupta, algo que merece um nome claro de cleptocracia". Embora o teor dos comentários seja semelhante, os contextos são distintos: o primeiro envolve exercício do poder decisório formal. O segundo consiste em comentário informal do ministro em evento com organizações da sociedade civil.

Cenários distintos merecem tratamentos distintos. Como meu colega Ivar Hartmann observou já faz anos, uma coisa são as decisões judiciais, outra bem diferente é o comportamento dos ministros fora dos autos (em que podemos incluir quaisquer opiniões que emitam fora das decisões).[60]

De um lado, é preciso que seja difícil punir ministros pelas decisões que tomam. Decisões do STF serão sempre controversas e queremos que os ministros sejam amplamente independentes para decidir de acordo com suas convicções sobre o Direito, sem medo da repercussão. No caso de *comportamentos*, porém, a proteção não precisa se dar no mesmo nível que damos ao conteúdo das decisões. Não é necessário para a democracia proteger o direito de um ministro criticar uma decisão de um colega fora dos autos, expressar opinião sobre um governante, ou anunciar uma posição sobre casos pendentes de julgamento. É fácil evitar esses comportamentos: basta que não falem sobre os colegas, sobre casos pendentes de julgamento, ou sobre o que pensam acerca da performance do governo. Quando está em jogo a liberdade de decidir, na dúvida devemos reduzir ao máximo qualquer perigo de desencorajar os ministros. Entretanto, quando se trata da liberdade de falar fora dos autos, não há esse mesmo imperativo.

Há um problema institucional sério quando ministros expressam suas visões sobre temas da conjuntura fora do âmbito das decisões judiciais. Ministros não falam fora dos autos apenas por vaidade, para se manter em evidência ou para cultivar uma determinada persona pública. Falar na imprensa e nas redes sociais é uma outra forma de exercer poder individual, fora dos colegiados do Supremo e às vezes até os driblando. É um poder de *sinalizar* decisões futuras, tentando fazer com que as pessoas acreditem que o tribunal decidirá deste ou daquele jeito — e ajustando o comportamento de maneira correspondente, fazendo ou deixando de fazer algo, talvez inclusive levando casos ao tribunal em resposta a essas sinalizações vindas do Supremo.

Em 2013, em audiência no Senado, logo após Dilma Rousseff mencionar em pronunciamento a possibilidade de convocação de uma "miniconstituinte" para fazer uma reforma política, Gilmar Mendes veio a público criticar essa fala. Disse que a Constituinte nesses termos seria "devaneio, manobra diversionista". Em 2016, comentando decisão de Sergio Moro que determinava condução coercitiva de Lula, Marco Aurélio observou que a medida "discrepa a não mais poder da ordem jurídica", porque Lula não teria se recusado a comparecer nem houve prévio "mandado de intimação para comparecer espontaneamente perante a autoridade". Em 2016, enquanto o processo de impeachment de Dilma Rousseff caminhava no Senado, o então presidente do STF, Lewandowski, observou em reunião na Organização dos Estados Americanos que o Supremo eventualmente seria provocado sobre o mérito da condenação e teria de "decidir (...) se a questão é exclusivamente política, ou se comporta algum tipo de abordagem do ponto de vista jurídico passível de ser examinado pelo tribunal".

Não são manifestações inocentes em termos dos efeitos esperados fora das paredes do STF. Ao fazerem essas afirmações, os ministros incentivaram outros atores a se comportarem de maneira alinhada com suas posições, ou seja, que o governo não deveria levar adiante a ideia de uma Constituinte para a reforma política; que juízes de instâncias inferiores (o juiz Moro naquele processo específico) não deveriam adotar conduções coercitivas sem prévia dificuldade para obter o depoimento de um réu; que a condução do processo de impeachment pelo Congresso, de acordo com a orientação do Supremo, era uma questão em aberto, encorajando, assim, litigância da própria presidente ou de partidos políticos para discutir esse tema.

Fora dos autos, as opiniões dos ministros são apenas isto: opiniões. Quando falam em público sobre temas da conjuntura que poderão chegar ao tribunal no futuro, estão tentando dar a essas opiniões um poder prático comparável ao das decisões judiciais: querem que outros atores e instituições façam ou deixem de fazer alguma coisa, de acordo com a visão do ministro. Falar fora dos autos é tentar exercer hoje, tomando de empréstimo do futuro, o poder de decidir um caso que ainda não chegou. Dentro dos autos, em decisões colegiadas, cada ministro conta como um voto. Mas, se a sinalização pública e antecipada funcionar, terá modificado comportamentos fora do tribunal sem ter precisado obter uma maioria de votos dos colegas. Não é à toa que determinados ministros falam tanto à imprensa sobre temas de conjuntura, às vezes tangenciando problemas que certamente aparecerão na pauta futura do tribunal: é a chance de conseguir, agora, algo que mais para a frente só seria possível coletivamente.

Para além da sinalização para fora da corte, essas manifestações também podem servir como pressão sobre outros colegas dentro do tribunal. Falar na imprensa pode ajudar a alimentar a crítica pública sobre uma determinada posição relativa a uma controvérsia perante o STF. Ministros podem pautar a imprensa de acordo com temas que os interessam, usando falas públicas para aumentar o custo de os colegas se posicionarem contra suas teses. Essa pressão, sempre injustificável, pode ocorrer de maneira escancarada. Em 2013, Marco Aurélio protagonizou um dos casos mais patológicos de expressão de opinião individual fora dos autos, interferindo em uma decisão ainda em aberto. Publicou um artigo de jornal na manhã em que Celso de Mello proferiria o voto de desempate quanto ao cabimento dos chamados "embargos infringentes", após o placar ficar empatado em cinco a cinco na sessão da semana anterior. No texto, Marco Aurélio — que votara contra o cabimento — afirmou que, se o STF admitisse os embargos nesse caso, "a condenação poderá ser transformada em absolvição, dando-se o dito pelo não dito, para a perplexidade geral", com o risco adicional de prescrição das penas. Perguntando-se se a decisão que o Supremo tomaria horas depois seria "reveladora de novos tempos" sobre a "quadra vivenciada" no contexto de julgamentos de corrupção, concluiu: "Com a palavra o decano do Supremo, o douto ministro Celso de Mello, a quem cabe o voto decisivo (...). Que o resultado seja alvissareiro!" A única explicação para um ministro escrever algo assim horas antes de um colega proferir seu voto é influenciar no resultado do julgamento. Não há justificativa razoável para que se permita esse tipo de pressão pública de um ministro sobre outro.

Um caso especial são as manifestações de ministros defendendo suas próprias decisões. Exposição menos grave do que as situações descritas até aqui, mas, ainda assim, problemática. Em 2022, em resposta a críticas no Twitter, André Mendonça postou na plataforma a defesa de seu voto pela condenação do deputado Daniel Silveira por ameaçar ministros do Supremo, dizendo que "como cristão, não creio tenha sido chamado para endossar comportamentos que incitam atos de violência contra pessoas determinadas". As razões jurídicas de André Mendonça para sua decisão já estavam expressas em seu voto. Justificar-se em redes sociais é uma opção que nem todos os ministros vão exercer, e, se o fizerem, não o farão em todos os casos. Isso gera inevitáveis questionamentos: Por que nesse caso? Por que não nos outros? Quais críticas merecem resposta no Twitter, e por que merecem?

Já temos um tribunal aberto a especulações de todo tipo sobre quais casos recebem, ou não, tratamento distinto por parte dos ministros, considerando as pessoas e conjunturas envolvidas. Nesse cenário, o ideal para a institucionalidade do tribunal é que ministros justifiquem sua autoridade estritamente dentro dos autos e sessões, sem sinalizar para o público que certas expectativas frustradas (como as do campo bolsonarista, no caso do tuíte de André Mendonça sobre Daniel Silveira) são mais relevantes para um ministro do que para outros. É nos autos, e não na informalidade das redes sociais, que os insatisfeitos com as decisões devem avaliar as razões de cada ministro.

Manifestações ilegais: afinal, ministro do Supremo é ou não é juiz?

Um último traço de muitas das manifestações públicas de ministros do STF é particularmente grave: elas são ilegais. Em vários exemplos mencionados acima, ministros não estão apenas dando uma opinião sobre eventos da conjuntura. Estão exercendo, agora, o poder futuro de decidir o caso que ainda não chegou, mas cuja trajetória pretendem moldar antecipadamente, sinalizando posições futuras, ou estão aumentando o custo para que os colegas decidam de determinadas maneiras.

Ocorre que esse tipo de comportamento é vedado para juízes brasileiros. Segundo o artigo 36, III, da Lei Orgânica da Magistratura Nacional (Loman), juízes não podem dar opinião sobre "processo pendente de julgamento, seu ou de outrem, ou juízo depreciativo sobre despachos, votos ou sentenças, de órgãos judiciais", exceto nos autos, no magistério ou em obras técnicas. Considere-se que, em aparição no programa *Roda Viva* em 2019, Gilmar Mendes sinalizou para a audiência que mudaria seu voto no próximo julgamento envolvendo a execução provisória em segunda instância — um dos temas mais polêmicos na pauta do STF dos últimos cinco anos, e no qual o próprio Gilmar Mendes atuou como pivô de boa parte da controvérsia. No mesmo programa, criticou a atuação de Sergio Moro com base nas revelações da chamada "Vaza Jato", dizendo que os elementos tornados públicos mostravam uma relação espúria entre o Ministério Público e o juiz: "Essa gente [*Moro e a força-tarefa da Lava Jato*] precisa ser investigada (...) Se não houvesse o *Intercept* [*e os vazamentos das mensagens entre Moro e a força-tarefa*], muito provavelmente nós teríamos pessoas vendendo operações, fazendo coisas como forçar as pessoas a comprarem palestras."

Em entrevista fora dos autos, Mendes criticou decisões de um outro juiz e antecipou como votaria em caso pendente de julgamento pelo STF. Não foi o primeiro e provavelmente não será o último ministro do STF a fazê-lo através da imprensa. Como interpretar o fato de que ministros do STF recorrentemente cometam atos vedados pela Loman, sem que nada aconteça? Quando fazem isso, estão mandando mensagens equivocadas para a magistratura brasileira. A primeira é que ministros do STF não podem ser punidos por atos que levariam qualquer outro juiz a sofrer sanção disciplinar por parte do Conselho Nacional de Justiça: o comportamento de juízes brasileiros está sujeito a controle, mas o comportamento dos ministros do Supremo, não. Está acima de qualquer controle.

Curiosamente, não é assim que agem os indicados ao Supremo durante suas sabatinas no Senado, antes de confirmados no cargo. Todos os ministros ouviram em suas sabatinas perguntas que os forçariam a falar sobre casos que poderiam julgar no futuro. A resposta-clichê dada aos senadores é sempre a mesma: não posso falar sobre isso em detalhe, pois posso vir a ter que deliberar sobre essa questão caso venha a ser empossado no Supremo. É apenas depois de obtida a estabilidade que passam a falar na imprensa sobre qualquer tema, inclusive antecipando posições sobre casos pendentes ou futuros, ou seja, quando não são ministros, concordam que ministros não deveriam fazer exatamente aquilo que, quando se tornam ministros, passam a fazer livremente.

Os exemplos são muitos. Considere-se, por exemplo, o caso de Dias Toffoli. Na sabatina de Toffoli na Comissão de Constituição e Justiça do Senado, realizada em 30 de setembro de 2009, o senador José Agripino disse ao indicado que "gostaria de conhecer sua posição sobre uma série de temas, incluindo a extradição de Cesare Battisti". A decisão sobre a legalidade da concessão de asilo político, pelo governo Lula, ao italiano Battisti só seria decidida pelo STF cerca de dois anos depois, em 2011, com voto de Toffoli. O tema, contudo, já dividia e mobilizava a opinião pública anos antes. Em resposta à pergunta do senador Agripino, Toffoli afirmou: "Eu não posso aqui me adiantar em relação a comportamentos em causas concretas que estão junto ao Supremo Tribunal Federal. O meu compromisso aqui é que agirei como juiz (...) e esse compromisso eu assumo publicamente nessa douta Comissão."

Uma resposta correta. Justamente por isso, merece contraste com outra fala pública de Toffoli, em 2022, em evento organizado por uma associação comercial em Nova York. Em sua palestra na ocasião, Toffoli abordou outra questão tão polêmica quanto o caso Battisti em 2009: a aplicação da tese do "marco temporal" à demarcação de terras indígenas, pela qual só seriam demarcadas as terras já reivindicadas ou regularmente ocupadas por comunidades indígenas antes da promulgação da Constituição, em outubro de 1988. O ministro afirmou que "em determinadas áreas, o Estado terá que intervir para pacificar, não com a demarcação, mas com a solução do conflito mediante a indenização àqueles que estão produzindo e que estão naquela área há algum tempo". Acrescentou que isso se aplicaria, porém, somente aos agricultores, "uma vez que no caso das terras indígenas não há essa indenização por conta de a Constituição ter determinado que são terras originárias".[61] No momento dessa fala, Toffoli ainda não havia votado no caso. O julgamento estava empatado em um a um, suspenso no STF por um pedido de vista, mas isso não impediu Toffoli de expressar sua visão sobre qual a melhor maneira de equacionar esse conflito pendente de apreciação pelo tribunal.

Essas manifestações públicas permitem uma segunda leitura, ainda mais grave para a governança do Judiciário. Apesar das particularidades da instituição e de suas tarefas, juízes do Supremo são antes de tudo juízes. Sendo assim, o que pensará o restante do Judiciário vendo esse tipo de comportamento no topo do sistema? Mesmo que ministros do Supremo acreditem que a Loman não se aplica a eles (algo altamente controverso), tal comportamento impacta os colegas de toga em todo o país. Estes, observando o comportamento dos ministros do STF, poderão concluir que quem é juiz pode expressar qualquer opinião, inclusive contra a Loman, como manifestação de independência judicial. Considerando os problemas que enfrentamos nos últimos anos tentando organizar padrões para o comportamento de juízes em contextos eleitorais e em redes sociais, essa mensagem é um perigoso estímulo à anarquia judicial. Com sua conduta pública, os ministros do Supremo exercem um tipo de *soft power* paralelo ao poder disciplinar formal do CNJ — e, quando violam a Loman aos olhos de todos, prejudicam a institucionalidade do Judiciário no Brasil.

As explicações (que não convencem)

Há alguns contra-argumentos frequentes ao que apontei nas páginas anteriores. O primeiro é o que podemos chamar de argumento da autodefesa. Será que o fato de o tribunal estar sob ataque, em um dado contexto, não é motivo suficiente para que os ministros se expressem na imprensa e em redes sociais — não antecipando posição sobre casos futuros, mas para rebater afirmações inverídicas ou ataques desmedidos aos seus integrantes individuais? Acredito que seja justamente o contrário. Um tribunal sob ataque de extremistas e líderes autoritários deve investir na comunicação para se defender — contestando afirmações falsas, esclarecendo o público sobre o seu papel na democracia brasileira e o conteúdo de suas decisões. Contudo, em um cenário em que o tribunal e seus ministros individuais estejam sob ataque direto, como ocorreu durante boa parte do governo Bolsonaro, pode ser melhor justamente que os ministros não se exponham individualmente.

Uma das estratégias de Bolsonaro foi pessoalizar as críticas, talvez para sinalizar que o problema dele não seria, supostamente, com o Supremo como instituição, mas só com alguns de seus integrantes. Nesse cenário, pode ser decisivo que a instituição fale com uma só voz quando responder a ataques públicos ou desinformação. A individualização expõe os ministros a ataques e torna a defesa da instituição mais contingente da aprovação da conduta deste ou daquele ministro. Se um presidente e seus apoiadores atacarem ministros específicos, respostas desses próprios ministros só vão reforçar a ideia de que o conflito é pessoal. Só vão sinalizar que importa quem é o alvo dos ataques — como se fosse correto tentar intimidar juízes, dependendo de quais sejam esses juízes, e como se isso não afetasse a independência do tribunal como um todo. Em contraste, a institucionalidade ou colegialidade (mesmo que com votos vencidos) na comunicação reforça a mensagem de que ataques a quaisquer ministros individuais são também ataques à instituição.

Além disso, esse argumento desconsidera que, muito antes do governo Bolsonaro, vários ministros já tinham a prática recorrente de falar fora dos autos sobre fatos da conjuntura política e aparecer na imprensa ou em redes sociais como comentaristas do mundo de Brasília. Só quem não acompanhou a política brasileira na última década poderia atribuir a presença pública constante de alguns ministros à conjuntura do governo Bolsonaro, ou colocar isso na conta de uma alegada "defesa do tribunal". Na verdade, durante alguns períodos mais tensos da relação entre o STF e o Executivo, de 2019 a 2022, ocorreu justamente uma desaceleração da participação pública individual de alguns ministros, com menos falas individuais na imprensa. Eles parecem ter percebido que, se falassem individualmente sobre a conjuntura, em nome próprio, acabariam alimentando mais ataques individuais.

Outro argumento para justificar as manifestações individuais fora dos autos é o da "liberdade de expressão". Juízes são cidadãos e, como tal, têm direito de expressar suas ideias em público, inclusive sobre política. Por que o juiz deveria ter menos liberdade de expressão do que qualquer cidadão? A pergunta é boa, mas, no Direito brasileiro, juízes *têm*, sim, menos liberdade para expressar suas ideias, e não há nada de inconstitucional nisso. Um colega, Thomaz Pereira, costuma dizer que as pessoas erroneamente imaginam que os direitos apenas se acumulam: um juiz deveria ter todos os direitos que um cidadão comum tem, *mais* os direitos e prerrogativas típicas do cargo de juiz; se você vira desembargador, passa então a ter ainda mais direitos; se você vira ministro do STF, então, tem ainda mais poderes, prerrogativas e direitos — mantendo, porém, a liberdade de fazer tudo que um cidadão "comum" pode fazer. Mas não é assim que as coisas funcionam, no Brasil ou em qualquer outro país democrático. O cargo de juiz (como muitos cargos públicos, da Presidência da República ao mais modesto burocrata) vem com poderes e bônus, mas também com um conjunto de ônus e responsabilidades previstas na legislação.

Entre esses limites estão as já discutidas restrições da Loman sobre as questões que juízes podem ou não discutir publicamente (não podem antecipar sua posição sobre casos pendentes de julgamento) e em quais contextos podem fazê-lo (podem criticar uma decisão de outro tribunal no exercício do magistério, por exemplo, mas não na imprensa ou em redes sociais). Nessa mesma linha, o Código de Ética da Magistratura dispõe que "A integridade de conduta do magistrado fora do âmbito estrito da atividade jurisdicional contribui para uma fundada confiança dos cidadãos na judicatura" (art.15) e, por isso, "O magistrado deve comportar-se na vida privada de modo a dignificar a função, cônscio de que o exercício da atividade jurisdicional impõe restrições e exigências pessoais distintas das acometidas aos cidadãos em geral" (art. 16), bem como "adotar as medidas necessárias para evitar que possa surgir qualquer dúvida razoável sobre a legitimidade de suas receitas e de sua situação econômico-patrimonial" (art. 19).

No mesmo espírito, o CNJ editou em 2019 recomendações sobre o uso de redes sociais por juízes, incluindo restrições que cidadãos em geral não têm e que juízes devem respeitar ao usar essas plataformas. Segundo o CNJ, há "profundos impactos, positivos e negativos, que a conduta individual do magistrado nas redes sociais pode acarretar sobre a percepção da sociedade em relação à credibilidade, à legitimidade e à respeitabilidade da atuação da Justiça", e "a confiança da sociedade no Poder Judiciário está diretamente relacionada à imagem dos magistrados". A resolução afirma ainda expressamente que, embora juízes tenham liberdade de expressão, esses direitos não são absolutos e "devem se compatibilizar com os direitos e garantias constitucionais fundamentais dos cidadãos, notadamente o direito de ser julgado perante um Poder Judiciário imparcial, independente, isento e íntegro".

Vale notar que o Código de Ética da Magistratura, de 2008, e a recomendação para o uso de redes sociais, de 2019, foram editados quando Gilmar Mendes e Dias Toffoli, respectivamente, presidiam o CNJ. Seria difícil dizer que, em suas manifestações públicas, esses dois magistrados tenham atendido plenamente às exigências e aos critérios das recomendações que assinaram quando à frente do CNJ. Tampouco seria crível argumentar que esses ministros acreditam que as restrições ali indicadas são inconstitucionais, por violarem sua alegada liberdade de expressão. Certamente entendem que as restrições se justificam por cumprir finalidades constitucionais maiores, ligadas à preservação da imparcialidade e legitimidade do ofício de juiz.

Em última instância, a tarefa mais importante de um juiz, ministro do Supremo ou não, é simplesmente *julgar*. Julgar é mais importante do que lançar ideias interessantes sobre o Direito, fazer análises potencialmente úteis sobre a política ou expressar suas visões sobre temas que dividam a opinião pública. Para quem é juiz, julgar é mais importante do que contribuir com a melhora da qualidade da legislação (embora ministros do STF sejam com frequência convidados a participar de grupos de trabalho do Legislativo sobre reforma de leis e códigos); julgar é mais importante do que palestrar, dar aulas ou participar de bancas.

Se para ter seguidores no Twitter, no Facebook, no Instagram ou em qualquer plataforma que seja, ou para simplesmente *estar* nessas plataformas, o ministro prejudica a percepção de sua imparcialidade no cargo, a resposta terá de ser clara: deve sair da rede social para preservar o poder de julgar. O mesmo vale para declarações à imprensa e outras manifestações públicas, inclusive aulas e palestras. O ministro é relevante enquanto julgador. Nessa condição, sua opinião é vital e insubstituível e, justo por isso, circunscrita. Ela é tão relevante, tem tanto impacto sobre a legitimidade de sua função como julgador, que não deve ser emitida fora dos autos. Proteger a legitimidade do ato de julgar é, enfim, o critério mais importante para se avaliar quais condutas podem ou não ser adotadas publicamente por um juiz — e por ministros do STF em especial, considerando que não há órgão de controle acima deles.

O último argumento a favor das manifestações individuais fora dos autos é da "exigência excessiva". Com tanta exposição de figuras públicas, e com comunicação em massa e em tempo real de quaisquer de seus comportamentos, será que não estou pedindo demais? Será que os critérios colocados acima — que os ministros deixem a comunicação institucional para as vias institucionais, que não falem fora dos autos sobre casos pendentes de julgamento, temas da conjuntura, decisões de seus colegas; que não se exponham excessivamente em eventos públicos e redes sociais; que respeitem a legislação vigente, enfim, com todas as restrições que ela impõe — não seriam excessivos?

Não. Basta considerar ministros que foram exemplares em sua conduta pública em todas as dimensões acima. É o caso de Rosa Weber, que preside o Supremo enquanto eu concluo este trabalho. De postura consistentemente discreta, não deu nenhuma entrevista para jornalistas no longo período entre a entrada no STF (2011) e a entrada na presidência da instituição (2022). Uma década de silêncio fora dos autos, sem emitir opinião na imprensa ou em redes sociais sobre o que quer que fosse. Antes dela, Teori Zavascki, falecido em 2016, também adotava conduta exemplar com relação às suas manifestações públicas. Joaquim Falcão e eu o descrevemos em um artigo em 2015 como um ministro "invisível" — e isso era um elogio.[62] Poderíamos ter dito também que era um ministro sóbrio, assim como Weber, ou "circunspecto", na expressão de Ginsburg, o que vai além de obedecer às restrições legais para manifestações públicas.

De fato, mesmo quando podem emitir opinião, mesmo nos temas sobre os quais podem falar sem restrição, importam as palavras que os ministros escolhem para tal. Mesmo nos autos, mesmo no pleno exercício da função, mesmo de maneiras compatíveis com a Loman, podemos cobrar dos ministros e ministras sobriedade em suas manifestações públicas. A escolha de palavras importa sobre como serão percebidos — o que, por sua vez, afeta como o próprio tribunal e suas decisões serão encarados pela sociedade. Por mais que o tribunal encontre novas formas de se comunicar em uma democracia de massa em que redes sociais são inescapáveis, precisamos que seus juízes sejam publicamente sóbrios e circunspectos. Isso é mais importante do que a visibilidade pública que muitos ministros do STF acreditam que têm o direito de buscar, quaisquer que sejam os motivos que tenham para isso.

Conclusão

O Brasil precisa de um Supremo forte e independente. O Supremo, no entanto, precisa funcionar como um tribunal. Precisa decidir conflitos dos quais não é parte, aplicando regras que não pode simplesmente recriar ou ignorar. Precisa convencer as pessoas de que está fazendo isso, mesmo que elas discordem de decisões específicas. Muito antes do governo Bolsonaro, o Supremo já apresentava grandes falhas nas dimensões acima. Enfrentar essas falhas exige proteger o tribunal da política, a de fora e a de dentro. Neste livro, tentei explicar e defender essa afirmação. Acredito que fazer isso é, na verdade, explicar e defender o próprio Supremo.

A "política" nociva, aqui, não é a das grandes questões que dividem o país nem a das indicações feitas por partidos e políticos eleitos. É inevitável que algumas tarefas do Supremo envolvam considerações políticas que moldarão os argumentos de seus ministros — às vezes pela substância dos temas em jogo, às vezes pelos impactos que mesmo uma questão estritamente técnica pode ter na vida das pessoas. Tentar remover a política nacional (e suas divergências) do Supremo não é uma opção. A matéria-prima do processo judicial é a divergência sobre o Direito; a matéria-prima do Supremo é sobretudo a divergência sobre a Constituição, que sempre estará muito próxima da disputa política. Não podemos, entretanto, trocar a política democrática do voto pela política pequena das corporações do sistema de justiça, ou de quem quer que, fora da política democrática, afirme para si o poder de definir critérios supostamente "técnicos" pelos quais esses juízes seriam escolhidos. Seria inaceitável, em uma democracia, que a escolha de quem exercerá esse grande poder judicial ocorra sem a participação de atores eleitos pelo voto.

Não é problema que a atuação de juízes constitucionais tenha interseção com a dos políticos eleitos. O problema, sim, é que juízes ajam e sejam vistos como se fossem iguais aos políticos, com idêntica lógica de atuação, variando apenas os meios (e as indumentárias). Que atuem e sejam percebidos como políticos de toga. Esse cenário não é teórico. No relatório do "Índice de Confiança na Justiça" (FGV) de 2021, elaborado pelas professoras Luciana Gross Cunha, Fabiana Luci de Oliveira e Luciana Ramos, 48% dos respondentes concordaram com a afirmação *"os ministros do Supremo são iguais a quaisquer outros políticos"*.[63] A pergunta parece radical, mas o sentimento subjacente certamente é, ainda que em menor medida, compartilhado por muitos brasileiros e brasileiras.

Em parte, pela natureza das tarefas do tribunal, essa identificação entre juízes e políticos acontecerá mesmo quando juízes estão apenas dando a melhor resposta possível para uma controvérsia constitucional, sem se preocupar com as posições de políticos, partidos ou outros grupos de interesse (muito menos tentando negociar com eles). Decisões que envolvm temas de direitos fundamentais sempre gerarão controvérsia, por mais sólidas, necessárias e justificadas que sejam; algumas acabam mesmo alimentando injustos ataques contra a instituição por setores insatisfeitos da população. Temas como aborto e liberdades religiosas provavelmente gerarão repercussão negativa quando decididos por juízes, mesmo em muitas democracias altamente consolidadas. Isso é parte da tarefa de tribunais constitucionais — e é, aliás, a razão pela qual esses juízes recebem suas garantias de independência. Seus integrantes precisam conviver com essas críticas, mesmo quando derivam de uma incompreensão quanto à função da instituição. Não cabe ao tribunal agradar à população com suas decisões. E cabe a quem se compromete com a Constituição ajudar a explicar e a defender publicamente a importância de um Supremo independente para realizar tarefas que, para que nossa democracia funcione, precisam ser enfrentadas por quem não tem voto nem passou por eleição.

Não existe, porém, poder relevante que fique imune aos fluxos da política. Muitos outros tribunais constitucionais vêm sofrendo ataques crescentes por suas decisões de caráter mais progressista sobre direitos fundamentais. A política global se tornou mais polarizada e temas que envolvem liberdades individuais e igualdade se tornaram o ponto focal de boa parte dessa polarização. Basta olhar casos como os dos EUA, da Hungria, do México e de Israel. No caso do Brasil, a política nacional se moveu para a direita na última década, com uma guinada conservadora sobre várias questões que invariavelmente chegarão ao STF. O governo Bolsonaro tem clara responsabilidade por ataques que o tribunal e seus ministros sofreram nos últimos anos. Entretanto, para além da conjuntura, ocorreu aqui a expressão nacional de um drama global. Tribunais constitucionais estão sob ataques de líderes autoritários, mesmo quando apenas cumprem a função esperada.

Será sempre difícil conquistar apoio público ao decidir temas política e moralmente controversos em um ambiente assim. Contudo, aqui, no Brasil, nós não erramos no difícil: erramos no fácil. Os problemas da politização no funcionamento do Supremo e na percepção pública sobre a instituição são anteriores e diferentes. Temos um tribunal em que ministros têm amplo poder para decidir se, quando e como casos serão julgados. Para decidir ou obstruir casos sozinhos, seguindo suas solitárias crenças, suas preferências político-partidárias e até mesmo seus interesses estritamente pessoais (que podem não ser nada republicanos). Para muitas vezes decidir o destino não só de quaisquer políticas públicas, de qualquer governo, mas sobre a pessoa física dos governantes e políticos — para decidir, por exemplo, se atores que foram decisivos para sua própria chegada ao tribunal devem ser presos ou podem concorrer a eleições. Temos um desenho injustificável, em que se comportar politicamente ou não depende basicamente da virtude individual dos(as) ministros(as). Não podemos fingir que esses problemas não existem. Eles não são produto da imaginação descontrolada de autoritários frustrados. Como procurei mostrar neste livro, tais dilemas fundam-se em preocupações muito básicas com a democracia e com o Estado de Direito.

Há maneiras de desenhar o Supremo que minimizariam a preocupação com o comportamento político. Entretanto, outras formas de funcionamento judicial, e certos comportamentos de seus ministros, parecem ter agravado o problema. Muito antes de o conteúdo das decisões ser um problema, muitos de nossos ministros e ministras já se comportam politicamente, em várias dimensões — como falam em público, com quem se encontram e discutem os temas que julgarão, como escolhem quando julgar os casos sob sua relatoria. Não há defesa razoável para esses comportamentos, nem para um sistema que os trata com naturalidade. O debate global sobre o poder de tribunais constitucionais não inclui justificativas para tais posturas. E nenhum conjunto de argumentos jurídicos será capaz de eliminar a suspeita de politização quando esta é diretamente alimentada pelo comportamento judicial.

As avaliações do funcionamento do Supremo que faço aqui se baseiam em uma defesa do núcleo fundamental da tarefa dessa instituição: julgar. Não é tarefa simples, nem exclusivamente técnica. Os ministros sempre serão criticados pelo modo como julgam, por melhores que sejam as decisões, os comportamentos e as intenções, e temos vários exemplos de decisões corretas, boas e importantes tomadas pelo tribunal que foram criticadas de forma injusta nas últimas décadas. No arco do governo Bolsonaro, o tribunal foi atacado inclusive nos casos em que apenas cumpriu sua função. No caso de apoiadores do ex-presidente, foi atacado também por ter sido uma fundamental força de contenção de planos iliberais ou até abertamente golpistas. De maneira mais geral, para além da conjuntura difícil desse período, a política sempre será um ambiente potencialmente perigoso para uma instituição com os poderes e a função de um Supremo Tribunal. Mesmo no mais tranquilo dos cenários, sempre poderemos discutir se os argumentos apresentados pelos ministros foram convincentes a ponto de afastar a preocupação com a politização.

Contudo, justo pelo fato de que julgar será necessariamente grave e controverso, é preciso proteger essa tarefa. Não adianta um ministro escrever argumentos sofisticados em uma decisão se seu comportamento público até ali, inclusive na formação da agenda do tribunal, sinalizou para considerações alheias ao mérito jurídico do caso. Precisamos acertar no que é evitável, para enfrentar os dilemas inevitáveis. Enquanto errarmos assim, no fácil, não poderemos invocar os problemas mais difíceis como escudo contra críticas de politização. Enquanto ministros e ministras do Supremo puderem exercer esse tipo de poder livremente, enquanto o desenho da instituição permitir isso e enquanto esse perfil de ministro for atraente para políticos, o STF terá problemas para realizar legítima e plenamente a promessa de ser um tribunal.

Leituras sugeridas

A literatura relevante sobre o STF abrange muitas dimensões — sua história, seu desenho e funcionamento, o perfil e o comportamento de seus ministros, suas transformações e seu papel na vida política nacional. Essas dimensões, por sua vez, podem ser abordadas sob perspectivas disciplinares diferentes e complementares, muito além das lentes dos juristas: olhares de historiadores, de jornalistas, de economistas, de cientistas políticos, sociólogos e antropólogos. Este livro só foi possível graças ao resultado combinado do trabalho de gerações de pesquisadores dessas diferentes disciplinas que vêm construindo um indispensável mapa das múltiplas facetas dessa instituição.

As poucas notas e referências incluídas ao longo dos capítulos aqui presentes foram mantidas no mínimo necessário, considerando que, como dito na Introdução, não se trata de trabalho voltado ao público acadêmico. Em alguns casos, as notas de fim foram necessárias para identificar as fontes diretas de ideias, dados e argumentos que tomei de empréstimo para construir o texto. Em outros pontos, cito trabalhos meus em coautoria com diversos colegas, deixando assim claro quais ideias, dados ou argumentos não foram criação solitária minha. Não cito nas notas de fim, porém, trabalhos anteriores individuais nos quais apresentei originalmente alguns dos pontos do livro. E, nesta seção, evitei indicar meus próprios trabalhos, com exceção de uma revisão de literatura; minha perspectiva já teve espaço mais do que suficiente nos capítulos que compõem esta obra.

Este livro dependeu do trabalho de várias outras pessoas cujas produções me ensinaram, me informaram e me fizeram pensar. Neste breve roteiro de leituras sugeridas, não poderia de modo algum exaurir ou sintetizar essas muitas contribuições. Mas ofereço alguns pontos de partida, preferencialmente em português, para quem deseja entender mais sobre o tribunal, com foco em textos que discutam de alguma forma o Supremo real — não como o imaginamos, ou o que gostaríamos de ter.

Alguns livros e artigos mais gerais são boas introduções aos dilemas de um tribunal cada vez mais próximo da política. *Os onze: O STF, seus bastidores e suas crises* (Companhia das Letras, 2019), dos jornalistas Felipe Recondo e Luiz Weber, é uma minuciosa, reveladora e às vezes preocupante narrativa do funcionamento do Supremo dos anos 1990 para cá; e *A batalha dos poderes* (Companhia das Letras, 2018), onde Oscar Vilhena Vieira discute o papel do Supremo de um ponto de vista normativo, de teoria constitucional, comparando-o com o funcionamento de fato do tribunal na política brasileira recente. Os artigos de Joaquim Falcão reunidos em *O Supremo* (Edições de Janeiro, 2015) contêm inúmeros *insights* críticos que influenciaram os termos do debate público nas últimas duas décadas, sendo ainda relevantes quanto a diversos dilemas institucionais do tribunal.

Para entender o Supremo de hoje, é preciso levar em conta as decisões tomadas na Assembleia Constituinte de 1987-1988 com relação ao desenho e poderes da instituição. O STF foi, aliás, uma força política relevante na transição para a democracia e na própria Constituinte, como demonstram Andrei Koerner e Lígia Barros de Freitas em "O Supremo na Constituinte e a Constituinte no Supremo" (*Lua Nova*, nº 88, 2013). O pioneiro trabalho de Rogério Bastos Arantes, *Judiciário e política no Brasil* (Educ, 1997), permanece relevante na análise que faz de como o desenho do poder do tribunal impactou em sua atuação em conflitos políticos entre Executivo e Legislativo nos primeiros anos após a nova Constituição. O artigo "Supremocracia" (*Revista Direito GV*, vol. 4, nº 2, 2018), de Oscar Vilhena Vieira, é útil para ilustrar como o poder atual do tribunal foi construído a partir de decisões tomadas na própria Constituição, combinadas com interpretações e práticas adotadas pelos ministros ao longo do tempo, nem sempre com base no texto constitucional.

Mapeamentos recentes da literatura acadêmica sobre o Supremo, com foco em estudos empíricos, podem ser encontrados em Luciano Da Ros, "Em que ponto estamos? Agendas de pesquisa sobre o Supremo Tribunal Federal no Brasil e nos Estados Unidos" [in Fabiano Engelmann (org.), *Sociologia política das instituições judiciais*. Editora da UFRGS, 2017]; em Jeferson Mariano Silva, "Depois da 'judicialização': Um mapa bibliográfico do Supremo" (*Revista de Sociologia e Política*, vol. 30, 2022); e em Rogério Arantes e Diego W. Arguelhes, "O estado da arte da pesquisa empírica sobre o Supremo Tribunal Federal" [in Rafael Mafei e Marina Feferbaum (orgs.), *Metodologia da Pesquisa em Direito*. Saraiva, 2023].

O texto "Pauta, público, princípios e precedentes: Condicionantes e consequências da prática deliberativa do STF", de Virgílio Afonso da Silva (*Suprema – Revista de estudos constitucionais*, vol. 1, nº 1, 2021) sintetiza resultados de anos de pesquisa sobre o processo decisório do tribunal (do poder de agenda à TV Justiça, passando pela forma de justificação das decisões), para avaliar em que medida os decisões do STF são resultado de um processo deliberativo, focado no conteúdo das razões em jogo. Especificamente quanto à formação da pauta, o trabalho de Luiz Fernando Gomes Esteves, *A construção da pauta do Supremo Tribunal Federal* (Tese de doutorado, Faculdade de Direito, USP, 2022) é indispensável.

Para inserir o tribunal no contexto mais amplo do sistema de justiça no Brasil, dois artigos úteis e com dados recentes são: "Juízes eficientes, judiciário ineficiente no Brasil pós-1988", de Luciano Da Ros e Matthew Taylor (*BIB — Revista Brasileira De Informação Bibliográfica Em Ciências Sociais*, vol. 89, 2019); e "O sistema de justiça brasileiro: Atores, atuação e consequências do arranjo constitucional", de Rafael Lima e Natalia Pires de Vasconcelos [in Naércio Menezes Filho e André Portela Souza (orgs.), *A Carta: Para entender a Constituição brasileira*. Todavia, 2019].

Durante boa parte dos anos 1990 e 2000, o foco da agenda estava em quem acionava o STF e que tipo de demandas eram levadas ao tribunal. Entre os principais demandantes estão partidos políticos e governos, e o papel da jurisdição do Supremo nas estratégias desses atores no processo decisório nacional é analisado em Matthew Taylor ("O Judiciário e as políticas públicas no Brasil", *Dados*, vol. 50, nº 2, 2007) e Matthew Taylor e Luciano Da Ros ("Os partidos dentro e fora do poder: a judicialização como resultado contingente da estratégia política", *Dados*, vol. 51, nº 4, 2008). Esses argumentos e dados foram recentemente revisitados por Daniel Bogéa, no livro *Partidos Políticos e STF: Decifrando a simbiose institucional* (Appris, 2021).

Para além de atores partidários, uma análise recente pode ser encontrada em Alexandre Araújo Costa e Henrique Araújo Costa, "Evolução do perfil dos demandantes no controle concentrado de constitucionalidade" (*Revista de Ciências Sociais*, vol. 49, nº 2, 2018). Fabiana Luci de Oliveira mapeia no texto "Agenda Suprema: Interesses em disputa no controle de constitucionalidade no Brasil" (*Tempo Social*, vol. 28, nº 1, 2016) a predominância de interesses corporativos e de entidades de classe no âmbito do serviço público na pauta do tribunal, com a provocação de que o Supremo funcionaria como uma espécie de "departamento de recursos humanos" da administração pública.

Uma agenda importante de pesquisa diz respeito à influência de trajetórias profissionais prévias no comportamento dos juízes e juízas do Supremo. O trabalho de Rogério Arantes e Rodrigo Martins, "*Does the Before Influence the After? Career Paths, Nominations, and the Votes of the STF Justices*" (*Brazilian Political Science Review*, vol. 16, nº 3, 2022) inclui uma útil revisão da literatura sobre essa questão e outros temas correlatos (como a relação entre indicação presidencial e comportamento judicial). Os dados e análises reunidos na obra *Os Donos do Direito: A biografia coletiva dos ministros do STF* (Eduerj, 2023), organizada por Fernando Fontainha, Rafael Mafei Queiroz, Angela Moreira da Silva e Marco Aurélio Vannucchi Mattos, são indispensáveis para quem deseja entender o perfil profissional, acadêmico, social e regional de quem vestiu a toga desde a redemocratização. Por fim, nas dezenas de entrevistas produzidas no projeto História Oral do Supremo Tribunal Federal (1988-2013), da FGV, podemos ver os ministros falando de suas trajetórias em suas próprias palavras. Estão todas disponíveis em: <https://historiaoraldosupremo.fgv.br>. Acesso em: 29 maio 2023.

Quanto ao processo de nomeação presidencial e aprovação no Senado, o livro de Álvaro Palma de Jorge, *Supremo interesse: A evolução do processo de escolha dos ministros do STF* (Synergia/FGV Direito Rio, 2020) é uma boa introdução à história e ao funcionamento desse mecanismo. O texto de Felipe Recondo, "As indicações para o Supremo Tribunal Federal ontem, hoje e amanhã", [in Maria Tereza Sadek, Pierpaolo Bottini, Raquel Khichfy e Sergio Renault (orgs.), *O Judiciário do nosso tempo*. Globo Livros, 2021] discute variados percursos e obstáculos políticos que os nomes precisam percorrer, da consideração inicial pelo presidente à aprovação pelo Senado. Mariana Llanos e Leany Lemos, em "Preferências presidenciais? As indicações para o Supremo Tribunal Federal no Brasil Democrático" [in Marjorie Marona e Andres del Rio (orgs.), *Justiça no Brasil: Às margens da democracia*. Arraes, 2018] discutem empiricamente o comportamento do Senado diante das escolhas.

A relação do Supremo com a sociedade civil organizada, movimentos sociais e grupos de interesse é uma importante agenda de pesquisa na área, que não chego a discutir neste livro. O processo decisório do STF vem despertando atenção de pesquisadores interessados em como grupos sociais se organizam para influenciar as decisões e a agenda judicial. A figura do *amicus curiae* e a convocação de audiências públicas têm recebido especial atenção, com dezenas de trabalhos publicados na última década. Como porta de entrada para essas discussões, vale considerar: *Amicus curiae: Amigo da corte ou amigo da parte?* (Saraiva, 2010), de Damares Medina; "Uma década de audiências públicas no Supremo Tribunal Federal (2007-2017)" (*Revista de Investigações Constitucionais*, vol. 5, nº 1, 2018), de Fernando Leal, Rachel Herdy e Julia Massadas; "Por que são convocadas as Audiências Públicas no Supremo Tribunal Federal?", (*Revista de Sociologia e Política*, vol. 30, 2022), de Marjorie Marona, Lucas Fernandes de Magalhães e Mateus Morais Araújo.

Uma frente mais recente de pesquisa investiga tanto procedimentos formais de participação na jurisdição do tribunal, quanto regras informais de acesso ao próprio espaço físico do tribunal e à agenda de seus ministros. Um trabalho pioneiro nesse sentido é o de Juliana Cesario Alvim Gomes, "Cancelas Invisíveis: 'Embargos Auriculares', legitimidade ativa e a permeabilidade social seletiva do Supremo Tribunal Federal" (*REI – Revista Estudos Institucionais*, vol. 6 (1), 2019). Especificamente quanto à questão de gênero no funcionamento do tribunal, um texto útil da mesma autora é

"O Supremo Tribunal Federal em uma perspectiva de gênero: mérito, acesso, representatividade e discurso" (*Direito & Praxis,* vol. 7, nº 15, 2016).

Sobre a confiança pública no tribunal, sugiro começar pelo trabalho de Joaquim Falcão e Fabiana Luci de Oliveira, "O STF e a agenda pública nacional: De outro desconhecido a supremo protagonista?" (*Lua Nova,* vol. 88, 2013). Partindo da mesma época, os relatórios periódicos do "Índice de Confiança na Justiça" — projeto da FGV-SP conduzido por Fabiana Luci de Oliveira, Luciana Gross Cunha e Luciana Ramos — fornecem importante série histórica para mapear flutuações no apoio público ao STF ao longo das reviravoltas da política brasileira. Os relatórios podem ser encontrados em: <https://direitosp.fgv.br/projetos-de-pesquisa/icjbrasil-indice-confianca-na-justica-no-brasil>. Acesso em: 29 maio 2023. Sobre a imagem do STF na cobertura da imprensa, há diversos trabalhos de Oliveira, como "Judiciário e política no Brasil contemporâneo: Um retrato do Supremo Tribunal Federal a partir da cobertura do jornal *Folha de S. Paulo*", *Dados,* vol. 60, nº 4, 2017).

Um debate correlato diz respeito à legitimidade do tribunal de um ponto de vista normativo: que razões teríamos para considerar o tribunal mais ou menos legítimo, considerando seu funcionamento e suas decisões? O livro de Rubens Glezer, *Catimba Constitucional: Do antijogo à crise democrática* (Arraes, 2020), apresenta um argumento completo conectando teorias normativas e as muitas disfunções no funcionamento no STF e no comportamento de seus integrantes, várias das quais discutimos neste livro. Por sua vez, Miguel Gualano de Godoy, em *STF e processo constitucional: Caminhos possíveis entre a mi-*

nistrocracia e o plenário mudo (Arraes, 2021), enfoca problemas de legitimidade gerados pelas regras de procedimento que os ministros adotam (ou desobedecem) ao decidir.

Compreender por que juízes decidem do jeito que decidem é o objeto central de estudos de "comportamento judicial", que têm crescido no Brasil nos últimos anos. Trabalhos de cientistas políticos como Jeferson Mariano Silva — "Mapeando o Supremo: As posições dos ministros na jurisdição constitucional (2012-2017)" (*Novos Estudos CEBRAP*, vol. 37, nº 1, 2018); Rodrigo Martins — *Pontos de divergência: Supremo Tribunal Federal e comportamento judicial*. (Tese de Doutorado, Departamento de Ciência Política, USP, 2018); e Mateus Araújo — *Comportamento Estratégico no Supremo Tribunal Federal* (Tese de Doutorado, Departamento de Ciência Política, UFMG, 2017), dentre outros, são boas introduções ao debate atualmente travado quanto ao comportamento dos ministros do Supremo.

Por fim, os relatórios do projeto Supremo em Números, criado na FGV Direito Rio em 2009 sob a direção de Joaquim Falcão, produziram grande conjunto de dados e diagnósticos sobre variados aspectos do funcionamento do tribunal aqui discutidos (por exemplo, quanto aos processos com foro privilegiado, ou ao problema do tempo das decisões do tribunal). Quando concluía este livro, já haviam sido publicados nove relatórios, sendo o nono e mais recente deles "A justificação de decisões no Supremo: Extensão das decisões e aplicação de precedentes", de Fernando Leal, Ana Paula de Barcellos e Guilherme da Franca Couto de Almeida (FGV Direito Rio, 2020). Disponível em: <https://bibliotecadigital.fgv.br/dspace/handle/10438/30218>. Acesso em: 29 maio 2023.

Notas

1. Aliomar Baleeiro, *O Supremo Tribunal Federal, esse outro desconhecido*. Rio de Janeiro: Forense, 1968.
2. Felipe Recondo, *Tanques e togas: O STF e a ditadura militar*. São Paulo: Companhia das Letras, 2018.
3. James L. Gibson e Gregory A. Caldeira, "Knowing the Supreme Court? A Reconsideration of Public Ignorance of the High Court", *Journal of Politics*, v. 71, n. 2, 2009 (apontando que, quanto mais informação as pessoas têm sobre a Suprema Corte, mais leais são à instituição).
4. "Statement By Leading U.S. Economists Regarding Proposed Israeli Reforms", Disponível em: https://statement-by-leading-us-economists.net/. Acesso em: 15 maio 2023.
5. Pesquisa Atlas-Jota, "Confiança no Judiciário & Imagem dos Ministros do STF", 10/1/2023 — 11/1/2023. Disponível em: https://slack-files.com/T0A5W4YA-0-F04JRBAC1BL-7c475ce188. Acesso em: 15 maio 2023. A flutuação na confiança no eleitorado de esquerda é levantada por Carlos Pereira, "'Punitivistas' e 'Garantistas' de ocasião", *O Estado de S. Paulo*, 23 jan. 2023. Disponível em: https://www.estadao.com.br/politica/carlos-pereira/punitivistas-e-garantistas--de-ocasiao/. Acesso em: 15 maio 2023.
6. Ver os dados reunidos na obra *Os donos do Direito: A biografia coletiva dos ministros do STF*, organizada por Fernando de C. Fontainha, Rafael Mafei R. Queiroz, Angela Moreira D. da Silva e Marco Aurélio V. L. de Mattos. Rio de Janeiro: Eduerj, 2023.
7. Fabiana Luci de Oliveira, "Processo Decisório no STF: Coalizões e panelinhas", *Revista de Sociologia e Política*, v. 20, n.44, 2012.
8. Rodrigo Martins, *Pontos de divergência: Supremo Tribunal Federal e comportamento judicial*. Tese de doutorado (Ciência Política), Universidade de São Paulo, 2018.
9. Ver, p. ex., Jeferson Mariano Silva, "Mapeando o Supremo: As posições dos ministros do STF na jurisdição constitucional", *Novos Estudos (Cebrap)*, v37, n.1, 2018.
10. Felipe Recondo e Luiz Weber, *Os Onze: o STF, seus bastidores e suas crises*. São Paulo: Companhia das Letras, 2019.
11. *Os donos do Direito*, nota 6.
12. Conselho Nacional de Justiça, *Perfil Sociodemográfico dos Magistrados Brasileiros 2018*. Brasília: CNJ, 2018. Disponível em: https://bibliotecadigital.cnj.jus.br/jspui/handle/123456789/113. Acesso em: 15 maio 2023.
13. Fabiana Luci de Oliveira e Luciana Gross Cunha, "Reformar o Supremo Tribunal

Federal?", *REI — Revista Estudos Institucionais*, v. 6, n. 1, 2020.

14. Dalmo de Abreu Dallari, "Degradação do Judiciário", *Folha de S.Paulo,* 8 maio 2002. Disponível em: https://www1.folha.uol.com.br/fsp/opiniao/fz0805200209.htm. Acesso em: 15 maio 2023.
15. Ives Gandra da Silva Martins, "Um constitucionalista para o Supremo", *Folha de S.Paulo*, 08 maio 2002. Disponível em: https://www1.folha.uol.com.br/fsp/opiniao/fz0805200210.htm. Acesso em: 15 maio 2023.
16. Ver reportagem "Indicação de Mendes divide meio jurídico", *Folha de S.Paulo*, 14 maio 2002. Disponível em: https://www1.folha.uol.com.br/fsp/brasil/fc1405200219.htm. Acesso em: 15 maio 2023.
17. Agência Senado, "Alessandro Vieira apresenta voto em separado contra indicado ao STF", 19 out 2020. Disponível em: https://www12.senado.leg.br/noticias/materias/2020/10/19/alessandro-vieira-apresenta-voto-em-separado-contra-indicado-ao-stf. Acesso em: 15 maio 2023. Agência Senado, "Kassio responde a acusações de plágio, mas senador anuncia voto contrário", 21 out. 2020, Disponível em: https://www12.senado.leg.br/noticias/materias/2020/10/21/kassio-responde-a-acusacoes-de-plagio-mas-senador-anuncia-voto-contrario. Acesso em: 15 maio 2023.
18. Ver matéria de Eduardo Gayer, "Bolsonaro diz que tem 10% do STF com presença de Nunes Marques", Estadão Conteúdo, 9 nov. 2021. Disponível em: https://noticias.uol.com.br/ultimas-noticias/agencia-estado/2021/11/09/bolsonaro-diz-que-tem-10-do-supremo-com-kassio-nunes-marques.htm. Acesso em: 15 maio 2023.
19. Diego Werneck Arguelhes e Leandro Molhano Ribeiro, "Indicações presidenciais para o Supremo Tribunal Federal e suas finalidades políticas: Uma resposta a Prado e Türner", *Revista de Direito Administrativo,* v. 255, 2010.
20. Voto do ministro Luís Roberto Barroso na ADI 5766/DF (decidida em 20 out. 2021; relator para o acórdão: min. Alexandre de Moraes), p. 12.
21. Voto do ministro Luís Roberto Barroso na ADI 5766/DF (decidida em 20 out. 2021; relator para o acórdão: min. Alexandre de Moraes), p.15. O ministro acrescenta: "[E]este não é um debate entre esquerda e direita, e, sim, sobre o que é melhor para os trabalhadores, para a sociedade e para o País. E quero deixar claro — e acho que falo por todos, mas certamente falo por mim — que ninguém aqui está do lado dos mais ricos ou do lado da injustiça; todo mundo aqui está querendo produzir a solução que seja capaz de melhor distribuir a justiça e de trazer melhores resultados para a sociedade e para o País.", p. 15.
22. O episódio é contado em detalhes em Márcio Scalercio, *Heráclito Fontoura Sobral*

Pinto: Toda liberdade é íngreme. Rio de Janeiro: FGV, 2014, capítulo 27 ("Suprema recusa").

23. Trechos citados no editorial "A nova ministra do Supremo", *O Estado de S. Paulo,* 11 dez. 2011. Disponível em: https://www2.senado.leg.br/bdsf/bitstream/handle/id/359459/noticia.htm?sequence=1&isAllowed=y. Acesso em: 15 maio 2023.
24. Ver nota 16.
25. Rogério Arantes e Rodrigo Martins, "Does Does the Before Influence the After? Career Paths, Nominations, and Votes of the STF Justices", *Brazilian Political Science Review*, v. 16, n. 3, 2022.
26. Fabiana Luci de Oliveira, "Agenda Suprema: Interesses em disputa no controle de constitucionalidade das leis no Brasil", *Tempo Social — Revista de Sociologia da USP*, v. 28, n. 1, 2016.
27. Diego Werneck Arguelhes, Juliana Cesario Alvim Gomes, Rafaela Nogueira e Henrique Wang, "'They don't let us speak': Gender, collegiality, and interruptions in judicial deliberations in the Brazilian Supreme Court" [texto inédito, 2023].
28. Juliana Cesario Alvim Gomes, Diego Werneck Arguelhes e Rafaela Nogueira, "Gênero e comportamento judicial no Supremo Tribunal Federal: Os ministros confiam menos em relatoras mulheres?", *Revista Brasileira de Políticas Públicas*, v. 8, n. 855, 2018.
29. Daniel Brinks e Abby Blass, *The DNA of Constitutional Justice in Latin America.* Nova York: Cambridge University Press, 2019.
30. Thomaz Pereira e Diego Werneck Arguelhes, "Políticos e a escolha dos membros do STF", *Folha de S.Paulo,* 5 mar. 2017. Disponível em: https://www1.folha.uol.com.br/ilustrissima/2017/03/1863391-politicos-e-a-escolha-dos-membros-do--stf.shtml.
31. Ver, por exemplo, reportagem de Julia Lindner e Paulo Cappelli, "Em sabatina, Aras critica Operação Lava-Jato e defende classe política e STF: 'Houve ameaças reais aos ministros'", *O Globo,* 24 ago. 2021. Consta na matéria que "em referência ao seu antecessor, Rodrigo Janot, o atual procurador [Aras] disse que "poderia distribuir flechadas, criminalizando a política", mas não o fez."
32. Alvaro Palma de Jorge, *Supremo interesse: A evolução do processo de escolha dos ministros do STF.* Rio de Janeiro: Synergia, 2020.
33. Felipe Recondo, "As indicações para o Supremo Tribunal Federal ontem, hoje e amanhã", in Maria Tereza Sadek, Pierpaolo Bottini, Raquel Khichfy e Sergio Renault (orgs.). *O Judiciário do nosso tempo: Grandes nomes escrevem sobre o desafio de fazer justiça no Brasil.* Rio de Janeiro: Globolivros, 2021.

34. Oscar Vilhena Vieira, "Supremocracia", *Revista Direito GV*, v. 4, n. 2, 2008.

35. Dados de Tom Ginsburg e Mila Versteeg, "Why do countries adopt constitutional review?", *Journal of Law, Economics and Organization*, v. 30, 2014.

36. Joaquim Falcão, Ivar A. Hartmann, Guilherme da Franca C. F. de Almeida e Luciano Chaves, *V Relatório Supremo em Números: O foro privilegiado*. Rio de Janeiro: FGV Direito Rio, 2017.

37. *O Estado de S. Paulo*, "1/3 do Congresso eleito é alvo de investigações", 5 nov. 2018. Disponível em: https://www.estadao.com.br/politica/eleicoes/13-do--congresso-eleito-e-alvo-de-investigacoes/. Acesso em: 15 maio 2023.

38. Supremo Tribunal Federal, "Quatro anos após restrição do foro, STF reduz 80% do acervo de inquéritos e ações penais", matéria de 28 jun. 2022. Disponível em: https://portal.stf.jus.br/noticias/verNoticiaDetalhe.asp?idConteudo=489564&ori=1. Acesso: em 15 maio 2023.

39. Questão de Ordem na Ação Penal n. 937 (decidida em 2018), rel. ministro Luís Roberto Barroso, p. 250.

40. Joaquim Falcão e Diego Werneck Arguelhes, "Onze Supremos: Todos contra o plenário", in Joaquim Falcão, Diego Werneck Arguelhes e Felipe Recondo (orgs.). *Onze Supremos: O Supremo em 2016*. Belo Horizonte: Letramento, 2017.

41. Dados extraídos da plataforma *Corte Aberta*, no site do Supremo Tribunal Federal (https://portal.stf.jus.br/hotsites/corteaberta/. Acesso em: 23 maio 2023). De 2020 a 2022, a expansão do plenário virtual levou a um aumento na capacidade do STF de decidir colegiadamente (ainda que em ambiente assíncrono). A proporção média de decisões monocráticas nesses casos foi de 84%.

42. Dados extraídos de Diego Werneck Arguelhes e Leandro Molhano Ribeiro, "Ministrocracia: O Supremo Tribunal Federal e o processo democrático brasileiro", *Novos Estudos (Cebrap)*, v. 37, n. 1, 2018.

43. Thomaz Pereira, Diego Werneck Arguelhes e Guilherme Almeida. *VIII Relatório Supremo em Números — Quem Decide no Supremo? Tipos de decisão colegiada no tribunal*. Rio de Janeiro: FGV Direito Rio, 2020.

44. Dahlia Lithwick, *Lady Justice: Women, the Law, and the Battle to Save America*. Nova York: Penguin, 2022.

45. Dados extraídos de Daniel Bogéa, *Partidos Políticos e STF: Decifrando a simbiose institucional*. Curitiba: Appris, 2021.

46. Fabiana Luci de Oliveira e Diego Werneck Arguelhes, "O Supremo Tribunal Federal e a mudança constitucional", *Revista Brasileira de Ciências Sociais*, v. 36, n. 105, 2021.

47. Diego Werneck Arguelhes e Thomaz Pereira, "O Supremo não é inerte: PEC do parlamentarismo e dois mitos sobre o STF", in Joaquim Falcão, Diego Werneck Arguelhes e Felipe Recondo (orgs.) *Onze Supremos: O Supremo em 2016*. Belo Horizonte: Letramento, 2017.
48. Armando Castelar Pinheiro, *Judiciário e economia no Brasil*. São Paulo: Sumaré, 2000.
49. Armando Castelar Pinheiro e Fernando de Holanda Barbosa Filho, "Os determinantes da demanda pelo Judiciário", FGV/IBRE — Textos para Discussão, n. 40. Disponível em: https://portalibre.fgv.br/sites/default/files/2021-03/os-determinantes-da-demanda-pelo-judiciario.pdf. Acesso em: 15 maio 2023.
50. Conselho Nacional de Justiça, *Justiça em Números 2021* (Brasília: CNJ, 2021). Disponível em: https://www.cnj.jus.br/wp-content/uploads/2021/09/relatorio-justica-em-numeros2021-12.pdf. Acesso em: 15 maio 2023.
51. Dados extraídos da matéria de Isaías Monteiro "Ouvidoria 10 anos: Lentidão da Justiça ainda é o motivo de maior reclamação", *Agência CNJ de Notícias*, 29 set. 2020. Disponível em: https://www.cnj.jus.br/ouvidoria-10-anos-lentidao-da-justica-ainda-e-o-motivo-de-maior-reclamacao/. Acesso em: 15 maio 2023.
52. Nelson Jobim, Fernando de Castro Fontainha, Christiane Jalles de Paula, Leonardo Seiichi Sasada Sato e Fabrícia Corrêa Guimarães (orgs.), *História oral do Supremo (1988-2013)*, v. 9. Rio de Janeiro: Escola de Direito do Rio de Janeiro da Fundação Getulio Vargas, 2015, pp. 194-5.
53. Marco Aurélio Mello, Pedro Cantisano, Thomaz Pereira e Michael Mohallem (orgs.). *História oral do Supremo (1988-2013)*, v. 18. Rio de Janeiro: Escola de Direito do Rio de Janeiro da Fundação Getulio Vargas, 2017, pp. 64-5.
54. Fernando Leal, "A dança da pauta no Supremo", in Joaquim Falcão, Diego Werneck Arguelhes e Thomaz Pereira (orgs.). *Onze Supremos: O Supremo em 2016*. Belo Horizonte: Letramento, 2017.
55. Luiz Fernando Gomes Esteves, "O que os números dizem sobre a pauta do STF de Cármen?", in: Joaquim Falcão, Thomaz Pereira, Diego Werneck Arguelhes e Felipe Recondo (orgs.). *O Supremo Tribunal Criminal: O Supremo em 2017*. Belo Horizonte: Letramento, 2018.
56. Joaquim Falcão, Ivar A. Hartmann e Vítor Chaves. *III Relatório Supremo em Números: O Supremo e o Tempo*. Rio de Janeiro: FGV Direito Rio, 2014.
57. Diego Werneck Arguelhes e Ivar A. Hartmann, "Pedido de vista é poder de veto", *Folha de S.Paulo*, 15 abr. 2023. Disponível em: http://feeds.folha.uol.com.br/fsp/opiniao/215974-pedido-de-vista-e-poder-de-veto.shtml.
58. Diego Werneck Arguelhes e Leandro Molhano Ribeiro, "Ministrocracia: O Su-

premo Tribunal Federal e o processo democrático brasileiro", *Novos Estudos (Cebrap)*, v. 37, n. 1, 2018.

59. Reportagem de Manoel Fernandes, "4 ministros do Supremo já têm 1 milhão de seguidores na internet", *Poder360*, 16 ago. 2021. Disponível em: https://www.poder360.com.br/analise/4-ministros-do-supremo-ja-tem-1-milhao-de-seguidores-na-internet/. Acesso em: 15 mar. 2023.

60. Ivar A. Hartmann, "A moda do *impeachment*", in Joaquim Falcão, Diego Werneck Arguelhes e Thomaz Pereira (orgs.). *Impeachment de Dilma Rousseff: Entre o Congresso e o Supremo.* Belo Horizonte: Letramento, 2017.

61. Ver reportagem de Juliana Matias, "Agricultores poderão ser indenizados, diz Toffoli sobre marco temporal em Terras Indígenas", *JOTA*, 14 nov. 2022. Disponível em: https://www.jota.info/stf/do-supremo/agricultores-poderao-ser-indenizados-diz-toffoli-sobre-marco-temporal-em-terras-indigenas-14112022. Acesso em: 15 mar. 2023.

62. Joaquim Falcão e Diego Werneck Arguelhes, "O invisível Teori Zavascki e a fragmentação do Supremo: Uma retrospectiva de 2015", in Joaquim Falcão, Diego Werneck Arguelhes e Felipe Recondo (orgs.), *O Supremo em 2015*. Belo Horizonte: Letramento, 2016.

63. Dados extraídos de Fabiana Luci de Oliveira, Luciana Gross Cunha e Luciana Ramos, "O STF na visão dos brasileiros: ruim com ele, pior sem ele", *JOTA*, 13 ago. 2021. Disponível em: https://www.jota.info/opiniao-e-analise/colunas/judiciario-e-sociedade/o-stf-na-visao-dos-brasileiros-ruim-com-ele-pior-sem-ele-13082021. Acesso em: 15 mar. 2023.

1ª edição	AGOSTO DE 2023
impressão	BARTIRA
papel de miolo	PÓLEN NATURAL 80 G/M²
papel de capa	CARTÃO SUPREMO ALTA ALVURA 250 G/M²
tipografia	DANTE MT STD